# NAJLEPSZE PRZEKĄSKI W KAWIARNI

Podnieś swoje doznania kawowe dzięki 100 wyśmienitym kęsom

KRYSTIAN KAMIŃSKI

Prawa autorskie ©2023

Wszelkie prawa zastrzeżone

Żadna część tej książki nie może być wykorzystywana ani rozpowszechniana w jakiejkolwiek formie i w jakikolwiek sposób bez odpowiedniej pisemnej zgody wydawcy i właściciela praw autorskich, z wyjątkiem krótkich cytatów użytych w recenzji. Niniejsza książka nie powinna być traktowana jako substytut porady lekarskiej, prawnej lub innej porady zawodowej.

# SPIS TREŚCI

**SPIS TREŚCI** .................................................................. **3**
**WSTĘP** ........................................................................... **6**
**BAKŁAWA** ..................................................................... **7**
   1. Bakława pistacjowa ................................................. 8
   2. Baklawa Oreo ......................................................... 11
   3. Baklava Ferrero Rocher bez pieczenia ................. 13
**DUŃCZYCY** ................................................................ **15**
   4. Duńskie Mini Owocowe .......................................... 16
   5. Duńskie cappuccino ............................................... 18
**ROGALIKI** .................................................................. **20**
   6. Croissanty Jagodowe Cytrynowe ......................... 21
   7. Rogaliki z kawałkami czekolady ............................ 23
   8. Rogaliki bananowo-eklerowe ................................ 26
   9. Croissanty z Nutellą i Bananem ............................ 28
   10. Rogaliki S'mores .................................................. 30
   11. Rogaliki cynamonowe w paluszkach .................. 33
   12. Croissanty z cukrem cynamonowym .................. 37
   13. Rogaliki z jagodami i serkiem śmietankowym ... 39
   14. Croissant z malinowo-różowymi liczi ................. 41
   15. Rogaliki jagodowe ............................................... 45
   16. Rogaliki Malinowe ............................................... 47
**KRUCHE CIASTECZKA** ............................................ **49**
   17. Kruche ciasteczka migdałowe ............................ 50
   18. Kruche ciasteczka z brązowego cukru .............. 52
   19. Kruche ciasteczka owocowe ............................... 54
   20. Kruche ciasteczka lawendowe ........................... 56
   21. Kruche ciasteczka Mokka .................................... 58
   22. Kruche ciasteczka orzechowe ............................ 60
   23. Kruche ciasteczka pikantne ................................ 62
   24. Kruche ciasteczka orzechowe ............................ 64
   25. Kruche ciasteczka z orzechami laskowymi Oregon ... 66
**SCONY** ...................................................................... **68**
   26. Scones Cappuccino ............................................. 69
   27. Cynamonowe bułeczki kawowe .......................... 72
   28. Bułeczki z zieloną herbatą Matcha .................... 74
   29. Scones z herbatą Earl Grey ................................ 77
   30. Urodzinowe bułeczki .......................................... 80
   31. Funfetti Scones ................................................... 83
   32. Ukochane bułeczki w kształcie serca ................ 86

33. Cadbury Creme Egg Scones ..................................................89
34. Bułeczki z marakui ..............................................................92
35. Scones z kokosem i ananasem ..........................................94
36. Różowe bułeczki z lemoniadą ............................................97
37. Bułeczki dyniowo-żurawinowe ...........................................99

## CIASTECZKA Z KAWAŁKAMI CZEKOLADY ........................... 101
38. Ciasteczka z preclami i karmelem ...................................102
39. Ciasteczka z granolą i czekoladą .....................................104
40. Ciasteczka Biscoff z kawałkami czekolady ......................106
41. Ciasteczka Czarnego Lasu ...............................................108
42. Ciasteczka truflowe czekoladowe ...................................111
43. Kanapki z podwójną czekoladą ........................................114
44. Ciasteczka z kawałkami czekolady ..................................116
45. Ciasteczka z białą czekoladą Matcha bez pieczenia .......118
46. Cadbury i orzechów laskowych .......................................120
47. Ciasto miksujące ciasteczka ............................................122
48. Niemieckie ciasteczka ......................................................124
49. Wiśniowe ciasteczka ........................................................126
50. Wzierniki ............................................................................128
51. Ciasteczka z płatkami kukurydzianymi i kawałkami czekolady .......131
52. Ciasteczka cappuccino z białą czekoladą .......................133
53. Snickers Bar Ciasteczka nadziewane czekoladą .............136

## BROWNIE ................................................................................ 138
54. Bananowe krówki z orzechami włoskimi .........................139
55. Gorzkie krówki Brownie ...................................................141
56. Krówki Brownie z solonym karmelem ..............................143
57. Czekoladowe ciasteczka z orzechami włoskimi ..............145
58. Brownie z malinami ..........................................................147
59. Ciasteczka krówkowe espresso .......................................149
60. Brownie z czerwonej aksamitnej krówki .........................151

## KANAPKI Z BAJGIELEM ......................................................... 154
61. Awokado Bajgiel Kanapka ................................................155
62. Kanapka z bajglem wędzonym indykiem .........................157
63. Śniadanie Bajgiel z pikantnymi mikrogreenami ..............159
64. Szybka kanapka z omletem z bajgla ................................161
65. Wędzony łosoś mini-bajgiel bar .......................................163
66. Czarny Las Bajgiel ............................................................165
67. Bajgiel z krewetkami ........................................................167
68. Puszyste mięso kraba i jajka na bajglach .......................169
69. Bajgiel z awokado i bekonem ..........................................171

## MIESZANKI ORZECHÓW I NASION ....................................... 173
70. Mieszanka Furikake Chex ................................................174
71. Różowa cytrynowa mieszanka Chex ...............................176

72. Mieszanka do grillowania ..................178
73. Mieszanka imprezowa Red Velvet ..................180
74. Mieszanka azjatyckich imprez fusion ..................182
75. Błotnięci kumple Chexa ..................184
76. Karma dla szczeniąt Red Velvet ..................186
77. Pikantna mieszanka na imprezę BBQ ..................188

## PĄCZKI .................. 190

78. Tira Misu ..................191
79. Mini Pączki z Ricottą Nadziewane Nutellą ..................195
80. Pączki z serem Cheddar i Jalapeño ..................197
81. Pączki Paleo z jabłkiem ..................199
82. Pączki z ciasta czekoladowego ..................201
83. Pączki z twarogiem z marakui ..................203
84. Pączki z jagodami ..................207
85. Pieczone pączki Oreo ..................209

## BUŁECZKI CYNAMONOWE .................. 212

86. Różowe bułeczki cynamonowe z lemoniadą ..................213
87. Czekoladowe Roladki Cynamonowe Oreo ..................215
88. Roladki cynamonowe Red Velvet ..................218
89. Ziemniaczane bułeczki cynamonowe ..................221
90. Bułeczki cynamonowe z bitą śmietaną i orzechami pekan ..................224
91. Roladki cynamonowe z sosem jabłkowym ..................226
92. Pomarańczowe bułeczki cynamonowe ..................229

## EMPANADAS .................. 231

93. Empanady z kurczaka z grilla ..................232
94. Empanady z Turcji ..................234
95. Empanady z kiełbasą wieprzową ..................236
96. Empanada z Tuńczyka ..................239
97. Galicyjska Empanada z dorsza ..................242
98. Empanady z krewetkami ..................245
99. Empanady z winogron i wołowiny ..................248
100. Empanady z orzechów laskowych i bananów ..................251

## WNIOSEK .................. 253

# WSTĘP

W sercu kulinarnych poszukiwań, gdzie tańczą smaki i aromaty, serdecznie zapraszamy Państwa w niezwykłą podróż po „Najlepsze przekąski w kawiarni". Na tych stronach znajduje się skarbnica 100 starannie przygotowanych kęsów, każdy zaprojektowany tak, aby wykraczać poza zwyczajność i wznosić doznania kawowe na nowy poziom. Dołącz do nas i zagłębiamy się w sztukę łączenia, gdzie harmonijne połączenie bogatej, świeżo parzonej kawy i wyśmienitych przekąsek staje się zmysłową symfonią.

Wyobraź sobie, że wchodzisz do swojej ulubionej kawiarni, raju, w którym powietrze nasycone jest urzekającym zapachem najwyższej jakości ziaren kawy. Teraz wyobraź sobie to doświadczenie nie tylko jako święto wyjątkowych browarów, ale także jako przygodę gastronomiczną. „Najlepsze przekąski w kawiarni" to oda do tych chwil, kiedy pierwszy łyk kawy spotyka się z idealnym kęsem, tworząc kulinarny dialog, który potęguje przyjemność z każdej przyjemności.

Niezależnie od tego, czy szukasz ukojenia w cichym zakątku, organizujesz pełne humoru spotkanie podczas brunchu, czy też rozkoszujesz się spokojną popołudniową przerwą na kawę, te starannie dobrane przekąski są w stanie przekształcić Twój rytuał w kulinarny spektakl. Od słodkich przysmaków, które oczarowują Twoje kubki smakowe, po pikantne smakołyki, które zniewalają Twoje podniebienie, ta kolekcja obejmuje całe spektrum smaków, zapewniając cudowną niespodziankę przy każdym przewróceniu strony.

Zanurzając się w tę kulinarną odyseję, zachęcamy Cię do przyjęcia przekonania, że kawa to nie tylko napój – to przeżycie. A w połączeniu z idealnym kęsem staje się to odkrywczą podróżą, eksploracją smaku, tekstury i czystą radością płynącą z delektowania się pysznymi chwilami życia. Zatem weź swój ulubiony kubek, przygotuj się na inspirację i wyrusz w tę wyjątkową podróż po „Najlepsze przekąski w kawiarni".
Ciasta i wypieki .

# BAKŁAWA

# 1.Bakława pistacjowa

**SKŁADNIKI:**

- 3 ½ szklanki cukru
- 2½ szklanki wody
- 2 łyżki miodu
- 2 łyżeczki soku z cytryny
- 1 laska cynamonu
- 3 całe goździki
- ½ funta orzechów włoskich, drobno zmielonych
- ½ funta migdałów, drobno zmielonych
- ½ funta pistacji, drobno zmielonych
- 2 łyżeczki mielonego cynamonu
- ½ łyżeczki goździków
- 1,5 funta ciasta filo
- 4 kostki niesolonego masła, roztopione

**INSTRUKCJE:**

a) W rondlu połącz;
b) Dodaj 3 szklanki cukru do wody, miodu, soku z cytryny, laski cynamonu i goździków i odstaw do ostygnięcia.
c) W dużej misce wymieszaj orzechy, pozostałe ½ szklanki cukru, mielony cynamon i zmielone goździki. Odłożyć na bok.
d) Rozwałkuj ciasto filo na płaskiej powierzchni i przykryj papierem woskowanym lub wilgotnym ręcznikiem.
e) Wyjmij 8 arkuszy i włóż je do lodówki.
f) Za pomocą pędzla do ciasta posmaruj formę do pieczenia o wymiarach 15½x11 ½ x 3 roztopionym masłem,
g) Użyj 8 arkuszy na spód i posyp mieszanką orzechów.
h) Ułóż jeszcze 3 warstwy i ponownie posyp mieszanką. Kontynuuj, aż wykorzystasz cały filo.
i) Na wierzchu 8 arkuszy.
j) Rozgrzej piekarnik do 300 stopni F.
k) Za pomocą długiego i bardzo ostrego noża pokrój baklawę w małe diamenty.
l) Najpierw wykonaj 1 równomiernie rozmieszczone cięcie wzdłużne.
m) Cięcie prosto w dół i po przekątnej w poprzek nacięć wzdłużnych.
n) Rozgrzać pozostałe masło i wylać je na wierzch baklawy,
o) Piec przez 1 ¼ godziny.
p) Wyjmij i polej schłodzonym syropem całe ciasto na patelni.
q) Podawać w ozdobnych filiżankach.

## 2. Baklawa Oreo

**SKŁADNIKI:**
- 2 opakowania schłodzonego ciasta filo
- 150 g orzechów włoskich
- 150 g Oreo
- 1 łyżka cynamonu w proszku
- 250 g masła
- 200 ml wody
- 400 g granulowanego cukru
- 1 łyżka soku z cytryny

**INSTRUKCJE:**
a) Rozgrzej piekarnik do 180°C z termoobiegiem i dobrze natłuść naczynie do pieczenia.
b) Do naczynia do pieczenia włóż zawartość pierwszego opakowania ciasta filo.
c) Zmiel orzechy włoskie wraz z ciastkami Oreo i cynamonem w robocie kuchennym i rozprowadź mieszankę na plasterkach ciasta filo, które właśnie umieściłeś w naczyniu żaroodpornym.
d) Zawartość drugiego opakowania ciasta filo połóż na orzechowej mieszance Oreo i pokrój w ciasto filo na dno naczynia do pieczenia.
e) Rozpuść masło, polej nim całą zawartość naczynia żaroodpornego i piecz baklawę na środku piekarnika przez 30-35 minut, aż będzie złocistobrązowa.
f) W międzyczasie przygotuj syrop. Wodę, cukier i sok z cytryny umieścić w rondlu i doprowadzić do wrzenia. Dobrze zagotuj, aż cały cukier się rozpuści.
g) Zaraz po wyjęciu z piekarnika polej syropem cukrowym baklawę i przed podaniem poczekaj, aż całkowicie wystygnie.

# 3.Baklava Ferrero Rocher bez pieczenia

**SKŁADNIKI:**
- 1 szklanka pokruszonych czekoladek Ferrero Rocher
- 1 szklanka drobno posiekanych orzechów włoskich
- 1 szklanka drobno posiekanych pistacji
- 1 szklanka miodu
- ½ szklanki roztopionego, niesolonego masła
- ½ łyżeczki mielonego cynamonu
- ¼ łyżeczki mielonych goździków
- 16 arkuszy ciasta filo, rozmrożone

**INSTRUKCJE:**

a) W misce wymieszaj pokruszone czekoladki Ferrero Rocher, posiekane orzechy włoskie, posiekane pistacje, mielony cynamon i mielone goździki. Odłożyć na bok.

b) Posmaruj naczynie do pieczenia o wymiarach 9 x 13 cali roztopionym masłem.

c) W naczyniu do pieczenia ułóż arkusz ciasta filo i posmaruj go roztopionym masłem. Powtórz ten proces z 7 kolejnymi arkuszami ciasta filo, smarując każdą warstwę roztopionym masłem.

d) Posyp równomiernie połową mieszanki Ferrero Rocher i orzechów na cieście filo.

e) Ułóż kolejne 4 arkusze ciasta filo, smarując każdy arkusz roztopionym masłem.

f) Posyp ciasto filo pozostałą mieszanką Ferrero Rocher i orzechów.

g) Na wierzchu ułóż pozostałe 4 arkusze ciasta filo, smarując każdy arkusz roztopionym masłem.

h) Za pomocą ostrego noża ostrożnie pokrój baklawę na kawałki w kształcie rombu lub kwadratu.

i) Posmaruj równomiernie miodem wierzch baklawy.

j) Pozostaw baklawę w temperaturze pokojowej na co najmniej 4 godziny lub na noc, aby ciasto filo wchłonęło miód i stało się miękkie.

k) Podawaj Ferrero Rocher Baklava w temperaturze pokojowej i ciesz się słodkim i orzechowym smakiem!

# DUŃCZYCY

# 4. Duńskie Mini Owocowe

**SKŁADNIKI:**
- 1 arkusz ciasta francuskiego, rozmrożonego
- ½ szklanki serka śmietankowego, miękkiego
- 2 łyżki granulowanego cukru
- ½ łyżeczki ekstraktu waniliowego
- Różne świeże owoce (takie jak jagody, pokrojone brzoskwinie lub morele)
- 1 roztrzepane jajko (do posmarowania jajek)
- Cukier puder do posypania (opcjonalnie)

**INSTRUKCJE:**
a) Rozgrzej piekarnik do 400°F (200°C).
b) Rozwiń rozmrożony arkusz ciasta francuskiego i pokrój go w małe kwadraty lub kółka o średnicy około 3 cali.
c) Ułóż kwadraty lub koła z ciasta na blasze wyłożonej papierem do pieczenia.
d) W misce wymieszaj miękki serek śmietankowy, cukier granulowany i ekstrakt waniliowy na gładką masę.
e) Rozsmaruj łyżką mieszanki serka śmietankowego na każdym kwadracie lub kółku ciasta, pozostawiając małą ramkę wokół krawędzi.
f) Ułóż świeże owoce na wierzchu serka śmietankowego, tworząc kolorową i atrakcyjną ekspozycję.
g) Brzegi ciastek posmaruj roztrzepanym jajkiem.
h) Piec w nagrzanym piekarniku przez 15-18 minut lub do momentu, aż ciasto będzie złotobrązowe i puszyste.
i) Wyjmij z piekarnika i pozwól im lekko ostygnąć.
j) Oprószyć cukrem pudrem według uznania.
k) Podawaj te mini-owocowe duńskie ciasteczka jako pyszne i owocowe ciastko.

## 5. Duńskie cappuccino

**SKŁADNIKI:**
- 1 arkusz ciasta francuskiego (rozmrożonego)
- ¼ szklanki serka śmietankowego
- 2 łyżki granulatu kawy rozpuszczalnej
- 2 łyżki cukru pudru
- ¼ szklanki posiekanych orzechów włoskich (opcjonalnie)
- ¼ szklanki kawałków czekolady
- 1 jajko (do posmarowania jajka)

**INSTRUKCJE:**

a) Rozgrzej piekarnik do 190°C i wyłóż blachę do pieczenia papierem pergaminowym.
b) Ciasto francuskie rozwałkowujemy i kroimy na kwadraty lub prostokąty.
c) W małej misce wymieszaj serek śmietankowy, granulki kawy rozpuszczalnej i cukier puder, aż dobrze się połączą.
d) Na każdy kawałek ciasta francuskiego nałóż łyżkę mieszanki serka kawowo-kremowego.
e) Posyp posiekanymi orzechami włoskimi (jeśli używasz) i kawałkami czekolady na wierzchu.
f) Brzegi ciastek posmaruj roztrzepanym jajkiem.
g) Piec około 15-20 minut lub do momentu, aż ciasta staną się złotobrązowe.
h) Pozwól im lekko ostygnąć przed podaniem duńskich cappuccino.

# ROGALIKI

# 6.Croissanty Jagodowe Cytrynowe

**SKŁADNIKI:**
- Podstawowe ciasto na croissanty
- ½ szklanki borówek
- 2 łyżki granulowanego cukru
- 1 łyżka skrobi kukurydzianej
- 1 łyżka skórki cytrynowej
- 1 jajko ubite z 1 łyżką wody

**INSTRUKCJE:**
a) Ciasto na croissanty rozwałkowujemy na duży prostokąt.
b) W małej misce wymieszaj jagody, cukier, skrobię kukurydzianą i skórkę z cytryny.
c) Rozprowadź równomiernie masę jagodową na powierzchni ciasta.
d) Ciasto pokroić w trójkąty.
e) Każdy trójkąt zwiń w kształt rogalika.
f) Ułóż rogaliki na blasze wyłożonej papierem do pieczenia, posmaruj jajkiem i odstaw do wyrośnięcia na 1 godzinę.
g) Rozgrzej piekarnik do 200°C i piecz rogaliki przez 20-25 minut, aż uzyskają złoty kolor.

# 7. Rogaliki z kawałkami czekolady

## SKŁADNIKI:
- 1 ½ szklanki miękkiego masła lub margaryny
- ¼ szklanki mąki uniwersalnej
- ¾ szklanki mleka
- 2 łyżki cukru
- 1 łyżeczka soli
- ½ szklanki Bardzo ciepłej wody
- 2 opakowania aktywnych suchych drożdży
- 3 szklanki mąki, nieprzesianej
- 12 uncji chipsów czekoladowych
- 1 Żółtko jaja
- 1 łyżka mleka

## INSTRUKCJE:
a) Za pomocą łyżki utrzyj masło i ¼ szklanki mąki na gładką masę. Rozsmarować na woskowanym papierze w prostokącie 12x6. Zamrażać. Podgrzej ¾ szklanki mleka; wymieszać z 2 łyżkami cukru, solą do rozpuszczenia.

b) Chłodny do letniego. Posyp wodą drożdże; wymieszać do rozpuszczenia. Za pomocą łyżki wymieszaj mieszaninę mleka i 3 szklanki mąki, aż masa będzie gładka.

c) Włącz lekko posypaną mąką ściereczkę; ugniatać, aż będzie gładkie. Odstawić pod przykryciem w ciepłe miejsce, wolne od przeciągów, do podwojenia objętości – około 1 godziny. Schłodzić przez ½ godziny.

d) Na lekko posypanej mąką stolnicy rozwałkuj na prostokąt o wymiarach 14x14.

e) Połóż mieszaninę masła na połowie ciasta; usuń papier. Złóż drugą połowę na maśle; ściśnij krawędzie, aby je uszczelnić. Z zagięciem po prawej stronie, zwiń od środka do wymiarów 20x8.

f) Złóż ciasto na 3 części, zaczynając od krótszego boku, tworząc 3 warstwy; uszczelnić krawędzie; schłodzić 1 godzinę zawinięte w folię. Z zagięciem po lewej stronie, zwiń do rozmiaru 20x8; zginać; chłodzić przez ½ godziny. Powtarzać.

g) Schłodź przez noc. Następnego dnia zwiń; złóż dwukrotnie; schładzaj się pół godziny pomiędzy. Następnie schładzaj 1 godzinę dłużej.

h) Formowanie: ciasto pokroić na 4 części. Na lekko posypanej mąką stolnicy rozwałkuj każdy z nich na 12-calowe koło. Każde koło pokroić na 6 klinów.

i) Posyp kliny kawałkami czekolady – uważaj, aby zostawić ½-calowy margines dookoła i nie przepełnij chipsami. Zwiń zaczynając od szerszego końca. Uformuj półksiężyc. Umieścić stroną skierowaną do dołu, w odległości 2 cali, na brązowym papierze na blasze z ciasteczkami.

j) Okładka; odstawić do wyrośnięcia w ciepłym miejscu, bez przeciągów, do podwojenia, na 1 godzinę.

k) Rozgrzej piekarnik do 425 stopni. Posmaruj roztrzepanym żółtkiem i wymieszaj z 1 łyżką mleka. Piec przez 5 minut, następnie zmniejszyć piekarnik do 375; piecz jeszcze 10 minut lub do momentu, aż rogaliki się napęczniają i zarumienią.

l) Studzimy na kratce przez 10 minut.

## 8. Rogaliki bananowo-eklerowe

**SKŁADNIKI:**
- 4 Mrożone rogaliki
- 2 Kwadraty półsłodkiej czekolady
- 1 łyżka masła
- ¼ szklanki przesianego cukru cukierniczego
- 1 łyżeczka Gorąca woda; do 2
- 1 szklanka budyniu waniliowego
- 2 średnie banany; pokrojony

**INSTRUKCJE:**
11. Zamrożone rogaliki przekrój wzdłuż na pół; wyjechać razem. Podgrzej zamrożone rogaliki na nienatłuszczonej blasze do pieczenia w temperaturze 325°F. piekarnik 9-11 minut.
12. Rozpuść razem czekoladę i masło. Wymieszaj cukier i wodę, aby uzyskać nadającą się do smarowania glazurę.
13. Na dolną połowę każdego rogalika nałóż ¼ szklanki budyniu. Na wierzchu ułóż pokrojone w plasterki banany.
14. Wymień wierzchołki rogalików; polać polewą czekoladową.
15. Podawać.

# 9. Croissanty z Nutellą i Bananem

**SKŁADNIKI:**

- 1 arkusz ciasta francuskiego, rozmrożonego
- ¼ szklanki Nutelli
- 1 banan, pokrojony w cienkie plasterki
- 1 jajko, ubite
- Cukier puder, do posypania

**INSTRUKCJE:**

a) Rozgrzej piekarnik do 200°C (400°F).
b) Na lekko posypanej mąką powierzchni rozwałkuj arkusz ciasta francuskiego na kwadrat o boku 12 cali.
c) Kwadrat pokroić na 4 mniejsze kwadraty.
d) Na każdym kwadracie rozsmaruj łyżkę Nutelli, zostawiając niewielki margines na krawędziach.
e) Na wierzchu Nutelli połóż kilka plasterków banana.
f) Zwiń każdy kwadrat od jednego rogu do przeciwległego, tworząc kształt rogalika.
g) Rogaliki układamy na blasze wyłożonej papierem do pieczenia.
h) Posmaruj rogaliki roztrzepanym jajkiem.
i) Piec 15-20 minut, aż rogaliki nabiorą złotego koloru i napęcznieją.
j) Przed podaniem posypujemy cukrem pudrem.

# 10.Rogaliki S'mores

**SKŁADNIKI:**
- 1 arkusz ciasta francuskiego, rozmrożonego
- ¼ szklanki Nutelli
- ¼ szklanki mini pianek marshmallow
- ¼ szklanki okruszków krakersów graham
- 1 jajko, ubite
- Cukier puder, do posypania

**INSTRUKCJE:**
a) Rozgrzej piekarnik do temperatury wskazanej na opakowaniu ciasta francuskiego. Zwykle jest to około 190°C (375°F).
b) Na lekko posypanej mąką powierzchni rozłóż rozmrożony arkusz ciasta francuskiego i lekko go rozwałkuj, aby wyrównać grubość.
c) Za pomocą noża lub noża do pizzy pokrój ciasto francuskie w trójkąty. Powinno wyjść około 6-8 trójkątów, w zależności od preferowanej wielkości.
d) Na każdym trójkącie ciasta francuskiego rozsmaruj cienką warstwę Nutelli, zostawiając niewielki margines na brzegach.
e) Posyp okruszkami krakersów graham nad warstwą Nutelli na każdym trójkącie.
f) Połóż kilka mini pianek marshmallow na okruchach krakersów graham, równomiernie rozprowadzając je po całym trójkącie.
g) Zaczynając od szerszego końca każdego trójkąta, ostrożnie zwiń ciasto w kierunku spiczastego końca, tworząc kształt rogalika. Pamiętaj o doklejeniu brzegów, aby nadzienie nie wyciekało.
h) Przygotowane rogaliki układamy na blasze wyłożonej papierem do pieczenia, zachowując odstępy między nimi, aby w trakcie pieczenia mogły urosnąć.
i) Wierzch każdego rogalika posmaruj roztrzepanym jajkiem, dzięki czemu po upieczeniu uzyskają piękny złoty kolor.
j) Piecz rogaliki S'mores w nagrzanym piekarniku przez około 15-18 minut lub do momentu, aż staną się złotobrązowe i napęcznieją.
k) Po upieczeniu wyjmij rogaliki z piekarnika i pozwól im lekko ostygnąć na metalowej kratce.
l) Przed podaniem posyp Croissanty S'mores cukrem pudrem, aby dodać im nuty słodyczy i atrakcyjnego wykończenia.
m) Delektuj się pysznymi, domowymi rogalikami S'mores jako wspaniałą przekąską na śniadanie, deser lub za każdym razem, gdy masz ochotę na pyszne połączenie Nutelli, pianek marshmallow i krakersów graham.

## 11.Rogaliki cynamonowe w paluszkach

**SKŁADNIKI:**
**Ciasto Croissantowe:**
- 500 gramów mąki uniwersalnej
- 60 gramów granulowanego cukru
- 10 gramów soli
- 7 gramów aktywnych suchych drożdży
- 250 ml ciepłego mleka
- 250 gramów niesolonego masła, schłodzonego i pokrojonego w cienkie plasterki

**POŻYWNY:**
- 100 gramów niesolonego masła, zmiękczonego
- 80 gramów brązowego cukru
- 2 łyżeczki mielonego cynamonu

**LUKIER:**
- 150 gramów cukru pudru
- 2 łyżki mleka
- 1/2 łyżeczki ekstraktu waniliowego

## INSTRUKCJE:
### PRZYGOTOWAĆ CIASTO ROGALIOWE:
a) W dużej misce wymieszaj uniwersalną mąkę, cukier granulowany, sól i aktywne suche drożdże.
b) Powoli dodawaj ciepłe mleko do suchych składników i mieszaj, aż powstanie ciasto.
c) Ciasto wyrabiamy na posypanej mąką powierzchni przez około 5-7 minut, aż będzie gładkie i elastyczne.
d) Z ciasta uformuj kulę, przykryj folią i odstaw na 15 minut.
e) Rozwałkuj ciasto na prostokąt o grubości około 1/4 cala.
f) Połóż schłodzone plasterki niesolonego masła na dwóch trzecich ciasta, pozostawiając drugą trzecią bez masła.
g) Złóż trzecią część bez masła na środkową, a następnie złóż na nią trzecią część posmarowaną masłem. Nazywa się to „złożeniem listu".
h) Obróć ciasto o 90 stopni i ponownie rozwałkuj na prostokąt. Wykonaj kolejne złożenie listu.
i) Ciasto zawiń w folię spożywczą i wstaw do lodówki na 30 minut.
j) Powtórz proces wałkowania i składania jeszcze dwa razy, schładzając ciasto przez 30 minut pomiędzy każdym złożeniem.
k) Po ostatnim złożeniu ciasto wkładamy do lodówki na co najmniej 2 godziny, a najlepiej na całą noc.

### PRZYGOTUJ NADZIENIE:
l) W małej misce wymieszaj zmiękczone, niesolone masło, brązowy cukier i mielony cynamon, aż dobrze się połączą. Odłożyć na bok.
m) Uformuj rogaliki:
n) Na lekko posypanej mąką powierzchni rozwałkuj ciasto na rogaliki na duży prostokąt o grubości około 1/4 cala.
o) Przygotowane nadzienie rozsmarować równomiernie na całej powierzchni ciasta.
p) Zaczynając od jednego dłuższego końca, ostrożnie zwiń ciasto w ciasny wałek.
q) Za pomocą ostrego noża pokrój kłodę na kawałki o równej wielkości, o szerokości około 1 cala każdy.
r) Kawałki układamy na blasze wyłożonej papierem do pieczenia, zachowując odstępy między nimi na swobodne rozszerzanie się.

s) Przykryj rogaliki czystym ręcznikiem kuchennym i pozostaw je do wyrośnięcia w temperaturze pokojowej na 1 do 2 godzin lub do czasu, aż podwoją swoją objętość.

**PIEC ROGALIA:**
t) Rozgrzej piekarnik do 190°C (375°F).
u) Piec rogaliki w nagrzanym piekarniku przez 15 do 20 minut lub do momentu, aż staną się złotobrązowe.
v) Przygotuj lukier:
w) W małej misce wymieszaj cukier puder, mleko i ekstrakt waniliowy, aż uzyskasz gładki lukier.
x) Posłodź rogaliki lodem:
y) Gdy rogaliki lekko ostygną, posmaruj lukrem wierzch każdego rogalika.
z) Podawaj i ciesz się:
aa) Twoje rogaliki w formie paluszków są gotowe do podania! Najlepiej smakują świeże, ale resztki można przechowywać w szczelnym pojemniku w temperaturze pokojowej przez maksymalnie 2 dni.
bb) Ciesz się pysznymi, domowymi rogalikami w bułce palcowej! Łączą w sobie dobroć rogalików ze słodkim i cynamonowym nadzieniem, dzięki czemu są idealną przekąską na śniadanie lub o każdej porze dnia.

## 12. Croissanty z cukrem cynamonowym

**SKŁADNIKI:**
- Podstawowe ciasto na croissanty
- ¼ szklanki granulowanego cukru
- 1 łyżka mielonego cynamonu
- ½ szklanki roztopionego, niesolonego masła

**INSTRUKCJE:**
a) Ciasto na croissanty rozwałkowujemy na duży prostokąt.
b) Ciasto pokroić w trójkąty.
c) W małej misce wymieszaj cukier i cynamon.
d) Każdy croissant posmaruj roztopionym masłem i posyp cukrem cynamonowym.
e) Zwiń każdy trójkąt, zaczynając od szerszego końca, i uformuj go w półksiężyc.
f) Ułóż rogaliki na wyłożonej papierem blasze i odstaw do wyrośnięcia na 1 godzinę.
g) Rozgrzej piekarnik do 200°C i piecz rogaliki przez 20-25 minut, aż uzyskają złoty kolor.

## 13. Rogaliki z jagodami i serkiem śmietankowym

**SKŁADNIKI:**

- Podstawowe ciasto na croissanty
- 4 uncje serka śmietankowego, zmiękczonego
- ¼ szklanki konfitury jagodowej
- 1 jajko ubite z 1 łyżką wody
- Cukier puder do posypania

**INSTRUKCJE:**

a) Ciasto na croissanty rozwałkowujemy na duży prostokąt.
b) Ciasto pokroić w trójkąty.
c) W misce wymieszaj serek śmietankowy i konfiturę jagodową.
d) Nałóż mieszaninę serka śmietankowego na dolną połowę każdego rogalika.
e) Wymień górną połowę rogalika i delikatnie dociśnij.
f) Ułóż rogaliki na blasze wyłożonej papierem do pieczenia, posmaruj jajkiem i odstaw do wyrośnięcia na 1 godzinę.
g) Rozgrzej piekarnik do 200°C i piecz rogaliki przez 20-25 minut, aż uzyskają złoty kolor.
h) Przed podaniem posypujemy cukrem pudrem.

## 14. Croissant z malinowo-różowymi liczi

**SKŁADNIKI:**
**Ciasto Croissantowe:**
- 500 gramów mąki uniwersalnej
- 50 gramów granulowanego cukru
- 7 gramów aktywnych suchych drożdży
- 250 ml ciepłego mleka
- 100 gramów niesolonego masła, zmiękczonego
- 1 łyżeczka soli
- Blok masła:
- 250 gramów niesolonego masła, schłodzonego i pokrojonego w cienkie plasterki

**POŻYWNY:**
- 1 szklanka świeżych malin
- 1 szklanka liczi z puszki, odsączona i posiekana
- 2 łyżki wody różanej
- 2 łyżki granulowanego cukru

**GLAZURA:**
- 1/2 szklanki cukru pudru
- 1 łyżka wody różanej
- Świeże płatki róż (opcjonalnie, do dekoracji)

## INSTRUKCJE:
### PRZYGOTOWAĆ CIASTO ROGALIOWE:

a) W dużej misce wymieszaj uniwersalną mąkę, cukier granulowany i aktywne suche drożdże.

b) Powoli dodawaj ciepłe mleko do suchych składników i mieszaj, aż powstanie ciasto.

c) Ciasto wyrabiamy na posypanej mąką powierzchni przez około 5-7 minut, aż będzie gładkie i elastyczne.

d) Z ciasta uformuj kulę, przykryj folią i odstaw na 15 minut.

### WŁĄCZ BLOK MASŁA:

e) Na posypanej mąką powierzchni rozwałkuj zmiękczone, niesolone masło na prostokąt o wymiarach 6 x 10 cali.

f) Połóż blok masła na dwóch trzecich ciasta, pozostawiając drugą trzecią bez masła.

g) Złóż trzecią część bez masła na środkową, a następnie złóż na nią trzecią część posmarowaną masłem. Nazywa się to „złożeniem listu".

h) Obróć ciasto o 90 stopni i ponownie rozwałkuj na prostokąt. Wykonaj kolejne złożenie listu.

i) Ciasto zawiń w folię spożywczą i wstaw do lodówki na 30 minut.

j) Powtórz proces wałkowania i składania jeszcze dwa razy, schładzając ciasto przez 30 minut pomiędzy każdym złożeniem.

k) Po ostatnim złożeniu ciasto wkładamy do lodówki na co najmniej 2 godziny, a najlepiej na całą noc.

### PRZYGOTUJ NADZIENIE:

l) W misce delikatnie wymieszaj świeże maliny, posiekane liczi, wodę różaną i cukier granulowany. Odłóż nadzienie na bok.

### Uformuj croissanty:

m) Na lekko posypanej mąką powierzchni rozwałkuj ciasto na rogaliki na duży prostokąt o grubości około 1/4 cala.

n) Pokrój ciasto na trójkąty, wykonując u podstawy prostokąta ukośne nacięcia o szerokości około 4-5 cali.

o) Na podstawę każdego trójkąta nałóż łyżkę nadzienia malinowo-różowego liczi.

p) Zaczynając od podstawy, delikatnie zwiń każdy trójkąt w kierunku końcówki, tworząc rogaliki.

q) Rogaliki układamy na blaszce wyłożonej papierem do pieczenia, zachowując odstępy między nimi, aby mogły urosnąć.

r) Przykryj rogaliki czystym ręcznikiem kuchennym i pozostaw je do wyrośnięcia w temperaturze pokojowej na 1 do 2 godzin lub do czasu, aż podwoją swoją objętość.

**PODGRZEWANIE I POGLIKOWANIE:**

s) Rozgrzej piekarnik do 190°C (375°F).

t) W małej misce wymieszaj cukier puder i wodę różaną, aby przygotować lukier.

**Upiecz croissanty malinowo-różowe z liczi:**

u) Wyrośnięte rogaliki posmaruj glazurą, zostawiając odrobinę glazury na później.

v) Piec rogaliki w nagrzanym piekarniku przez 15 do 20 minut lub do momentu, aż staną się złotobrązowe.

**PONOWNIE POWLEKAJ I Udekoruj:**

w) Wyjmij rogaliki z piekarnika i posmaruj je pozostałą glazurą.

x) Jeśli chcesz, udekoruj rogaliki świeżymi płatkami róż, aby dodać im dodatkowej elegancji.

## 15.Rogaliki jagodowe

**SKŁADNIKI:**
- Podstawowe ciasto na croissanty
- 1 szklanka świeżych jagód
- ¼ szklanki granulowanego cukru
- 1 łyżka skrobi kukurydzianej
- 1 jajko ubite z 1 łyżką wody

**INSTRUKCJE:**

a) Ciasto na croissanty rozwałkowujemy na duży prostokąt.
b) W małej misce wymieszaj jagody, cukier i skrobię kukurydzianą.
c) Rozprowadź równomiernie masę jagodową na powierzchni ciasta.
d) Ciasto pokroić w trójkąty.
e) Każdy trójkąt zwiń w kształt rogalika.
f) Ułóż rogaliki na blasze wyłożonej papierem do pieczenia, posmaruj jajkiem i odstaw do wyrośnięcia na 1 godzinę.
g) Rozgrzej piekarnik do 200°C i piecz rogaliki przez 20-25 minut, aż uzyskają złoty kolor.

# 16. Rogaliki Malinowe

**SKŁADNIKI:**

- Podstawowe ciasto na croissanty
- 1 szklanka świeżych malin
- ¼ szklanki granulowanego cukru
- 1 jajko ubite z 1 łyżką wody

**INSTRUKCJE:**

a) Ciasto na croissanty rozwałkowujemy na duży prostokąt.
b) Ciasto pokroić w trójkąty.
c) Na każdym rogaliku ułóż świeże maliny.
d) Posyp maliny cukrem granulowanym.
e) Zwiń każdy trójkąt, zaczynając od szerszego końca, i uformuj go w półksiężyc.
f) Ułóż rogaliki na wyłożonej papierem blasze i odstaw do wyrośnięcia na 1 godzinę.
g) Rozgrzej piekarnik do 200°C i piecz rogaliki przez 20-25 minut, aż uzyskają złoty kolor.

# KRUCHE CIASTECZKA

## 17.Kruche ciasteczka migdałowe

**SKŁADNIKI:**
- 1 szklanka mąki uniwersalnej
- ½ szklanki skrobi kukurydzianej
- ½ szklanki cukru pudru
- 1 szklanka migdałów, drobno posiekanych
- ¾ szklanki masła; zmiękczony

**INSTRUKCJE:**

a) Połącz mąkę, skrobię kukurydzianą i cukier puder; wymieszać z migdałami. Dodaj masło; mieszaj drewnianą łyżką, aż powstanie miękkie ciasto.

b) Uformuj ciasto w małe kulki. Umieścić na nienatłuszczonej blasze z ciasteczkami; Każdą kulkę spłaszcz lekko oprószonym mąką widelcem. Piec w temperaturze 300 stopni przez 20 do 25 minut lub do momentu, aż krawędzie będą tylko lekko rumiane.

c) Ostudzić przed przechowywaniem.

## 18. Kruche ciasteczka z brązowego cukru

**SKŁADNIKI:**

- 1 szklanka niesolonego masła; temperatura pokojowa
- 1 szklanka sypkiego jasnobrązowego cukru
- 2 filiżanki mąki uniwersalnej
- ¼ łyżeczki soli
- 1 łyżka cukru
- 1 łyżeczka mielonego cynamonu

**INSTRUKCJE:**

a) Rozgrzej piekarnik do 325 stopni. Lekko posmaruj masłem tortownicę o średnicy 9 cali. Używając miksera elektrycznego, ubij 1 szklankę masła w większej misce, aż będzie jasne i puszyste.

b) Dodaj brązowy cukier i dobrze ubij. Używając gumowej szpatułki, wymieszaj mąkę i sól (nie mieszaj zbyt długo). Wciśnij ciasto do przygotowanej formy. Połącz cukier i cynamon w małej misce. Posyp ciasto cukrem cynamonowym. Pokrój ciasto na 12 klinów, używając linijki jako prowadnicy i przecinając ciasto. Każdy klin przebij kilka razy wykałaczką.

c) Piec, aż kruche ciasto będzie brązowe, twarde na brzegach i lekko miękkie w środku, około 1 godziny. Całkowicie ostudzić kruche ciasto w formie na stojaku. Zdjąć boki patelni.

## 19.Kruche ciasteczka owocowe

**SKŁADNIKI:**

- 2 ½ szklanki mąki
- 1 łyżeczka Kremu z kamienia nazębnego
- 1 ½ szklanki cukru cukierniczego
- 1 9 uncji pudełko Brak takiego mięsa mielonego
- 1 łyżeczka wanilii
- 1 łyżeczka sody oczyszczonej
- 1 szklanka miękkiego masła
- 1 jajko

**INSTRUKCJE:**

a) Rozgrzej piekarnik do 375F. 2. Połącz mąkę, sodę i krem z kamienia nazębnego.

b) W dużej misce utrzyj masło i cukier na puszystą masę. Dodaj jajko.

c) Wymieszać z wanilią i pokruszonym mięsem mielonym.

d) Dodaj suche składniki. Dobrze wymieszaj – ciasto będzie sztywne.

e) Uformuj kulki o średnicy 1¼ cala. Ułóż na nienatłuszczonej blasze do pieczenia, lekko spłaszcz.

f) Piec 10-12 minut lub do momentu lekko brązowego.

g) Jeszcze ciepłe polewę z cukru pudru, mleka i wanilii.

## 20. Kruche ciasteczka lawendowe

**SKŁADNIKI:**
- ½ szklanki niesolonego masła w temperaturze pokojowej
- ½ szklanki cukru pudru, nieprzesianego
- 2 łyżeczki suszonych kwiatów lawendy
- 1 łyżeczka pokruszonych suszonych liści mięty zielonej
- ⅛ łyżeczki cynamonu
- 1 szklanka mąki nieprzesianej

**INSTRUKCJE:**
a) Rozgrzej piekarnik do 325 F. Przygotuj kwadratową formę do pieczenia o średnicy 8 cali, wykładając ją folią aluminiową i lekko powlekając folię sprayem z oleju roślinnego.
b) Masło utrzeć na jasną i puszystą masę. Wymieszaj cukier, lawendę, miętę i cynamon. Dosyp mąkę i mieszaj, aż masa będzie kruszonka. Zgarnij go na przygotowaną patelnię i rozprowadź do wyrównania, lekko dociskając, aby równomiernie go zagęścić.
c) Piec 25 do 30 minut lub do momentu, aż brzegi będą lekko złociste.
d) Delikatnie wyjmij folię i kruche ciasto z formy na powierzchnię do krojenia. Batony pokroić ząbkowanym nożem.
e) Przenieść na kratkę do całkowitego wystygnięcia. Przechowywać w szczelnie zamkniętej puszce.

## 21.Kruche ciasteczka Mokka

**SKŁADNIKI:**
- 1 łyżeczka kawy rozpuszczalnej Nescafe Classic
- 1 łyżeczka Wrzącej wody
- 1 opakowanie (12 uncji) półsłodkich kawałków czekolady Nestle Toll House; podzielony
- ¾ szklanki masła; zmiękczony
- 1 ¼ szklanki przesianego cukru pudru
- 1 Mąkę o wszechstronnym przeznaczeniu
- ⅓ łyżeczki soli

**INSTRUKCJE:**

a) Rozgrzej piekarnik do 250 stopni. W filiżance rozpuść kawę rozpuszczalną Nescafe Classic we wrzącej wodzie; odłożyć na bok. Rozpuść w gorącej (nie wrzącej) wodzie 1 szklankę półsłodkich kawałków czekolady Nestle Toll House; mieszaj, aż będzie gładka.

b) Zdjąć z ognia; odłożyć na bok. W dużej misce wymieszaj masło, cukier puder i kawę; ubijaj, aż będzie gładkie. Stopniowo dodawaj mąkę i sól.

c) Wmieszać roztopione kawałki. Rozwałkuj ciasto pomiędzy dwoma kawałkami woskowanego papieru na grubość 3/16 cala. Usuń górny arkusz; wycinaj ciasteczka za pomocą 2-½-calowej foremki do ciastek. Wyjmij z woskowanego papieru i połóż na niezatłuszczonych blachach z ciasteczkami. Piec w temperaturze 250 stopni przez 25 minut. Całkowicie ostudzić na metalowej kratce.

d) Rozpuść w gorącej (nie wrzącej) wodzie, pozostawiając 1 szklankę półsłodkich kawałków czekolady Nestle Toll House; mieszaj, aż będzie gładka. Na płaską stronę ciasteczka rozsmaruj lekko zaokrągloną łyżeczkę roztopionej czekolady; na wierzchu drugie ciasteczko. Powtórz z pozostałymi ciasteczkami.

e) Schładzaj aż do ustawienia. Przed podaniem odstaw w temperaturze pokojowej na 15 minut.

## 22. Kruche ciasteczka orzechowe

**SKŁADNIKI:**

- 250 mililitrów Masło; Niesolony, zmiękczony
- 60 mililitrów kremowego masła orzechowego
- 1 duże białe jajko; Rozdzielony
- 5 mililitrów ekstraktu waniliowego
- 325 mililitrów mąki uniwersalnej
- 250 mililitrów staromodnych płatków owsianych
- 60 mililitrów kiełków pszenicy
- 250 mililitrów solone, prażone na sucho orzeszki ziemne; drobno posiekane
- 250 mililitrów jasnobrązowego cukru; mocno zapakowane

**INSTRUKCJE:**

a) W misie miksera elektrycznego utrzyj masło, masło orzechowe, cukier, a następnie dodaj żółtko i ekstrakt waniliowy.

b) Dodaj mąkę, płatki owsiane i kiełki pszenicy i ubijaj, aż składniki się połączą. Rozłóż ciasto równomiernie na wysmarowanej masłem blasce z galaretką o wymiarach 40 x 27 x 2½ cm, wygładzając górę, rozsmaruj lekko ubite białka jaja na cieście, a następnie równomiernie posyp orzeszkami ziemnymi.

c) Piec mieszaninę w środku nagrzanego piekarnika o temperaturze 300 F (150 C) przez 25 do 30 minut lub do momentu, aż wierzch stanie się złotobrązowy.

d) Przenieś patelnię na kratkę, aby ostygła. Gdy mieszanina jest jeszcze GORĄCA, pokrój ją w małe, równe kwadraty i pozostaw ciasteczka do całkowitego ostygnięcia na patelni.

## 23.Kruche ciasteczka pikantne

**SKŁADNIKI:**

- 1 szklanka margaryny, miękkiej
- ⅔ szklanki przesianego cukru pudru
- ½ łyżeczki mielonej gałki muszkatołowej
- ½ łyżeczki mielonego cynamonu
- ½ łyżeczki mielonego imbiru
- 2 filiżanki mąki uniwersalnej

**INSTRUKCJE:**

a) Masło kremowe; stopniowo dodawaj cukier, ubijaj na średnich obrotach miksera elektrycznego, aż masa będzie jasna i puszysta. Dodaj przyprawy i dobrze ubij.

b) Wymieszaj mąkę. Ciasto będzie sztywne. Z ciasta uformuj kulki o średnicy 1,5 cm i ułóż je w odległości 2 cali na lekko natłuszczonych blachach z ciasteczkami. Lekko naciśnij ciasteczka oprószonym mąką stemplem lub widelcem, aby spłaszczyć je na grubość ¼ cala. Piec w temperaturze 325 stopni przez 15 do 18 minut lub do momentu zakończenia. Studzimy na metalowych stojakach.

## 24. Kruche ciasteczka orzechowe

**SKŁADNIKI:**
- ¾ funta masła
- 1 szklanka cukru cukierniczego
- 3 szklanki mąki przesianej
- ½ łyżeczki soli
- ½ łyżeczki wanilii
- ¼ szklanki) cukru
- ¾ szklanki orzechów pekan, drobno posiekanych

**INSTRUKCJE:**
a) Masło utrzeć z cukrem pudrem na jasną masę.
b) Mąkę przesiej z solą i dodaj do ubitej masy. Dodać wanilię i dokładnie wymieszać. Dodaj orzechy pekan.
c) Z ciasta uformuj kulę, zawiń w papier woskowany i schładzaj, aż będzie twarde.
d) Rozwałkuj schłodzone ciasto na grubość ½ cala. Za pomocą foremki do ciastek wycinaj ciasteczka. Posyp wierzch granulowanym cukrem. Wycięte ciasteczka ułóż na nienasmarowanej tłuszczem blasze i wstaw do lodówki na 45 minut przed pieczeniem.
e) Rozgrzej piekarnik do 325F.
f) Piec przez 20 minut lub do momentu, aż zacznie się lekko zmieniać kolor; Ciasteczka nie powinny w ogóle się rumienić. Ostudzić na stojaku.

## 25. Kruche ciasteczka z orzechami laskowymi Oregon

## SKŁADNIKI:

- 1 szklanka prażonych orzechów laskowych Oregon
- ¾ szklanki masła; schłodzony
- ¾ szklanki cukru
- 1 ½ szklanki niebielonej mąki

## INSTRUKCJE:

**a)** Zmiel prażone orzechy laskowe w robocie kuchennym na grubą masę. Dodać masło i cukier i dokładnie zmiksować. Do miski miksującej włóż orzechy, masło i cukier, dodaj mąkę (po pół szklanki na raz), dokładnie mieszając każdy dodatek. Połącz mieszaninę w kulę.

**b)** Uformuj kulki o średnicy 1,5 cala i umieść je na nieprzywierającej blaszce z ciasteczkami, w odległości około ½ cala.

**c)** Piec w temperaturze 350 stopni przez 10-12 minut. Pozostałą część ciasta przechowuj w lodówce, aż będzie gotowa do pieczenia.

SCONY

## 26. Scones Cappuccino

**SKŁADNIKI:**
- 2 filiżanki mąki uniwersalnej
- ¼ szklanki granulowanego cukru
- 2 łyżki granulatu kawy rozpuszczalnej
- 1 łyżka proszku do pieczenia
- ½ łyżeczki soli
- ½ szklanki zimnego, niesolonego masła, pokrojonego w kostkę
- ½ szklanki gęstej śmietanki
- ¼ filiżanki mocnej kawy parzonej, ostudzonej
- 1 łyżeczka ekstraktu waniliowego
- ½ szklanki półsłodkich kawałków czekolady (opcjonalnie)
- 1 jajko (do posmarowania jajka)
- Gruby cukier (do posypania, opcjonalnie)

**INSTRUKCJE:**

a) Rozgrzej piekarnik do 200°C i wyłóż blachę do pieczenia papierem pergaminowym.

b) W dużej misce wymieszaj mąkę, cukier granulowany, granulki kawy rozpuszczalnej, proszek do pieczenia i sól.

c) Do suchych składników dodać pokrojone w kostkę zimne masło. Za pomocą noża do ciasta lub palców włóż masło do suchej mieszanki, aż zacznie przypominać grube okruchy.

d) W osobnej misce połącz ciężką śmietankę, zaparzoną kawę i ekstrakt waniliowy.

e) Wlać mokre składniki do suchej mieszanki i wymieszać tylko do połączenia. Jeśli chcesz, dodaj półsłodkie kawałki czekolady.

f) Wyrośnięte ciasto wyłóż na blat posypany mąką i delikatnie zagniataj kilka razy, aż się połączy.

g) Rozwałkuj ciasto na okrąg o grubości około 1 cala. Pokrój okrąg na 8 klinów.

h) Ułóż scones na przygotowanej blasze do pieczenia. Roztrzep jajko i posmaruj nim wierzch bułeczek. Posyp gruboziarnistym cukrem, jeśli używasz.

i) Piec w nagrzanym piekarniku przez 15-18 minut lub do momentu, aż bułeczki staną się złotobrązowe, a wykałaczka wbita w środek będzie czysta.

j) Przed podaniem odczekaj, aż scones cappuccino ostygną na metalowej kratce.

## 27. Cynamonowe bułeczki kawowe

**SKŁADNIKI:**

- 2 szklanki mąki samorosnącej
- 2 łyżeczki cynamonu
- 6 łyżek cukru
- ¾ szklanki niesolonego masła
- 2 jajka
- ¼ filiżanki mocno parzonej kawy Folgers
- ¼ szklanki mleka
- ½ szklanki złotych rodzynek
- ½ szklanki posiekanych orzechów pekan
- Dodatkowe mleko i cukier do polewy

**INSTRUKCJE:**

a) Wymieszaj mąkę, cynamon i cukier. Masło pokroić na łyżkę stołową i wymieszać z suchą mieszanką.

b) Wymieszaj jajka, kawę i mleko. Mieszaj z suchą mieszanką, aby uzyskać miękkie ciasto. Wymieszaj owoce i orzechy. Wyłożyć na posypaną mąką deskę i delikatnie uformować okrąg ciasta o grubości około ½ cala. Foremką do ciastek oprószoną mąką wycinać krążki i układać je na natłuszczonej blasze do pieczenia.

c) Delikatnie posmaruj wierzch mlekiem i piecz w nagrzanym piekarniku do 200°C przez 12-15 minut lub do złotego koloru. Podawać na gorąco.

## 28. Bułeczki z zieloną herbatą Matcha

**SKŁADNIKI:**
**DLA SCONÓW MATCHA:**
- 2 szklanki mąki bezglutenowej 1:1 z gumą ksantanową
- 2 łyżeczki proszku do pieczenia
- 2 łyżki proszku matcha
- ½ łyżeczki soli
- 3 łyżki roztopionego oleju kokosowego
- 5 łyżek niesłodzonego mleka roślinnego
- ⅓ szklanki czystego syropu klonowego
- 1 łyżeczka czystego ekstraktu waniliowego lub ekstraktu migdałowego
- ⅓ szklanki wegańskich kawałków białej czekolady (opcjonalnie)

**DO SZKLIWIENIA:**
- ½ szklanki wegańskiego cukru cukierniczego
- 1-2 łyżki niesłodzonego mleka roślinnego lub wody

**INSTRUKCJE:**
**PRZYGOTOWANIE SCONESÓW:**
a) Rozgrzej piekarnik do 350 stopni Fahrenheita i wyłóż dużą blachę do pieczenia papierem pergaminowym. Odłóż ją na bok.
b) W dużej misce wymieszaj mąkę bezglutenową, proszek do pieczenia, proszek matcha i sól. Mieszaj, aż zostaną równomiernie połączone.
c) Do miski dodaj roztopiony olej kokosowy, mleko roślinne, syrop klonowy i ekstrakt waniliowy. Mieszaj, aż powstanie gęsta, krucha mieszanina. Powinna mieć konsystencję mokrego, grudkowatego piasku. Jeśli chcesz, dodaj kawałki białej czekolady.
d) Czystymi rękami uformuj mieszaninę w jedną dużą kulę. Jeśli jest zbyt kruche, dodaj 1-2 łyżki mleka roślinnego, aż będzie wystarczająco mokre, aby uformować kulę. Staraj się nie przeciążać ciasta.
e) Umieść kulkę ciasta na przygotowanej blasze do pieczenia i spłaszcz ją w okrąg o średnicy 8 cali za pomocą rąk lub wałka do ciasta.
f) Za pomocą noża pokrój okrąg ciasta na 8 trójkątów jednakowej wielkości (pomyśl o tym jak o krojeniu pizzy lub ciasta). Rozłóż trójkąty na blasze do pieczenia w odległości 1-2 cali od siebie.
g) Piecz bułeczki przez 14-18 minut lub do momentu, aż lekko urosną, a krawędzie będą twarde. Wyjmij je z piekarnika i pozostaw do ostygnięcia na 5 minut na blasze do pieczenia, a następnie przenieś je na kratkę do studzenia.
**WYKONANIE SZKLIWII:**
h) W małej lub średniej misce połącz wegański cukier cukierniczy z 1 łyżką mleka roślinnego. Dostosuj konsystencję według potrzeb, dodając więcej cukru, aby uzyskać gęstość lub więcej mleka, aby było rzadsze. Glazura powinna być na tyle rzadka, aby można ją było spryskać łyżką, ale nie ciekła.
i) Gdy scones całkowicie wystygną, za pomocą łyżki posmaruj je lukrem. Cieszyć się!

## 29.Scones z herbatą Earl Grey

**SKŁADNIKI:**
**NA SCONES:**
- 2 filiżanki mąki uniwersalnej
- ¼ szklanki granulowanego cukru
- 1 ½ łyżeczki sody oczyszczonej
- ¼ łyżeczki soli
- 6 torebek herbaty Earl Grey (1 torebka to 1 łyżeczka)
- ½ szklanki mleka (można użyć pół na pół, śmietanki lub maślanki)
- 6 łyżek niesolonego masła (bardzo zimnego)
- 1 duże jajko
- 1 łyżeczka czystego ekstraktu waniliowego

**DO LAKIERU SCONE:**
- 1 szklanka cukru pudru
- 2 łyżeczki mleka (można użyć śmietanki)
- ½ łyżeczki czystego ekstraktu waniliowego
- 1 łyżka suszonej lawendy (opcjonalnie)

**INSTRUKCJE:**
**JAK ZROBIĆ EARL GREY SCONES:**
a) Rozgrzej piekarnik do 400°F.
b) W dużej misce odmierz mąkę, cukier, sodę oczyszczoną i sól. Otwórz torebki z herbatą Earl Grey i dodaj suchą herbatę do mieszanki mąki. Dobrze wymieszaj, aby połączyć.
c) W małej misce wymieszaj jajko, mleko i wanilię.
d) Za pomocą tarki do sera lub noża do obierania pokrój bardzo zimne masło do miski z mąką. Za pomocą foremki do ciasta lub dwóch noży wmieszaj masło do mieszanki mąki, aż uzyskasz okruszki wielkości groszku.
e) Do suchych składników dodajemy mokre i mieszamy aż masa będzie wilgotna, tworząc kulę ciasta.
f) Ciasto wyłóż na czystą i oprószoną mąką powierzchnię i rękoma uformuj kulę. Za pomocą wałka do ciasta rozwałkuj ciasto na okrąg o średnicy 8 cali na grubość około ćwierć cala. Alternatywnie możesz użyć rąk do uformowania ciasta w okrąg.
g) Pokrój ciasto na 8 trójkątów za pomocą ostrego noża lub skrobaczki stołowej i przenieś bułeczki do wyłożonej pergaminem formy do pieczenia, pozostawiając odstępy między kawałkami.
h) Piec około 15-20 minut lub do momentu, aż krawędzie staną się złotobrązowe.
i) Pozwól bułkom odpocząć, a następnie przenieś je na kratkę do studzenia. Gdy są jeszcze lekko ciepłe, w razie potrzeby można je posmarować glazurą.
**JAK ZROBIĆ LAKIER SCONE:**
j) Do małej miski dodać wszystkie składniki glazury i wymieszać na gładką masę. Posmaruj glazurą bułeczki, gdy ostygną.
k) Jeśli używasz lawendy, możesz dodać ją do glazury lub posypać nią glazurę.

## 30.Urodzinowe bułeczki

**SKŁADNIKI:**
**NA SCONES:**
- 2 filiżanki mąki uniwersalnej
- ¼ szklanki granulowanego cukru
- 2 łyżeczki proszku do pieczenia
- ½ łyżeczki soli
- ½ szklanki niesolonego masła, zimnego i pokrojonego w kostkę
- ½ szklanki maślanki
- 1 łyżeczka ekstraktu waniliowego
- ¼ szklanki kolorowych posypek

**DO SZKLIWIENIA:**
- 1 szklanka cukru pudru
- 2 łyżki mleka
- ½ łyżeczki ekstraktu waniliowego
- Dodatkowa posypka do dekoracji (opcjonalnie)

**INSTRUKCJE:**
a) Rozgrzej piekarnik do 200°C (400°F) i wyłóż blachę do pieczenia papierem pergaminowym.
b) W dużej misce wymieszaj mąkę, cukier granulowany, proszek do pieczenia i sól.
c) Do suchych składników dodać pokrojone w kostkę zimne masło. Za pomocą noża do ciasta lub palców pokrój masło w mieszankę mąki, aż będzie przypominać grube okruchy.
d) W osobnej misce wymieszaj maślankę i ekstrakt waniliowy.
e) Stopniowo wlewaj maślankową mieszaninę do suchych składników, mieszając, aż się połączą.
f) Delikatnie dodaj kolorowe posypki, uważając, aby ich nie wymieszać i nie stracić żywych kolorów.
g) Ciasto przełożyć na lekko posypaną mąką powierzchnię. Uformuj z niego okrąg lub prostokąt o grubości około 1 cala.
h) Za pomocą ostrego noża lub krajarki do ciasta pokrój ciasto na kliny lub kwadraty, w zależności od preferowanego kształtu i wielkości.
i) Ułóż scones na przygotowanej blasze do pieczenia, pozostawiając trochę odstępu pomiędzy bułeczkami.
j) Piecz bułeczki w nagrzanym piekarniku przez około 15-20 minut lub do momentu, aż będą złotobrązowe i upieczone.
k) W czasie gdy bułeczki się pieczą, przygotuj glazurę. W misce wymieszaj cukier puder, mleko i ekstrakt waniliowy, aż masa będzie gładka i kremowa.
l) Po upieczeniu bułeczki wyjmij je z piekarnika i pozostaw na kilka minut na metalowej kratce do ostygnięcia.
m) Polej glazurą ciepłe bułeczki, pozwalając jej spłynąć po bokach.
n) Opcjonalnie: posyp glazurę dodatkowymi kolorowymi posypkami, aby uzyskać dodatkowy świąteczny akcent.
o) Przed podaniem bułeczek urodzinowych odczekaj kilka minut, aż polewa zastygnie.

# 31. Funfetti Scones

**SKŁADNIKI:**
**NA SCONES:**
- 1 ½ szklanki mąki uniwersalnej
- 1 ½ szklanki mąki tortowej
- ½ szklanki) cukru
- 1 łyżeczka soli
- 1 łyżka proszku do pieczenia
- 1 ½ łyżki ekstraktu waniliowego
- 1 ½ szklanki gęstej śmietany plus ¼ szklanki do posmarowania bułeczek
- ½ szklanki posypki

**DO SZKLIWIENIA:**
- 1 szklanka cukru pudru
- 1 łyżeczka ekstraktu waniliowego
- ½ łyżeczki ekstraktu migdałowego
- 4 łyżki gęstej śmietany

**INSTRUKCJE:**

a) Rozgrzej piekarnik do 425°F. Blachę do pieczenia wyłóż papierem pergaminowym i odłóż na bok.

b) W dużej misce wymieszaj mąkę uniwersalną, mąkę tortową, cukier, sól, proszek do pieczenia i posypkę. Mieszaj suche składniki, aż dobrze się połączą.

c) Do suchej mieszanki dodaj ciężką śmietankę i ekstrakt waniliowy. Mieszaj, aż składniki całkowicie się połączą. Jeśli mieszanina wydaje się zbyt sucha, dodaj odrobinę śmietanki. Jeżeli jest zbyt mokre, można dodać łyżkę mąki.

d) Gdy ciasto zostanie dokładnie połączone, przenieś je na lekko posypaną mąką powierzchnię. Dłońmi uformuj ciasto w prostokąt o grubości ¾ cala.

e) Pokrój ciasto na trójkąty lub możesz użyć foremki do ciastek, aby uformować bułeczki. Z ciasta udało mi się wyciągnąć około 20 trójkątów.

f) Ułóż scones na przygotowanej blasze do pieczenia. Wierzch bułeczek posmaruj odrobiną gęstego kremu. Następnie włóż blachę do pieczenia do lodówki na 15 minut. Ten okres spoczynku pozwala ciastu odpocząć i wyrosnąć.

g) Piecz bułeczki w nagrzanym piekarniku przez około 15 minut lub do momentu, aż krawędzie będą pięknie złocistobrązowe, a bułeczki będą w pełni upieczone. Po tym czasie wyjmij je z piekarnika i przenieś na kratkę do studzenia. Pozwól im ostygnąć przez 10 minut.

h) Podczas gdy scones ostygną, przygotuj glazurę. Wymieszaj cukier puder, ekstrakt waniliowy, ekstrakt migdałowy i gęstą śmietankę. Dostosuj konsystencję według uznania: jeśli jest za gęsta, dodaj więcej śmietanki, a jeśli jest za rzadka, dodaj więcej cukru pudru.

i) Na koniec posmaruj bułeczki glazurą i dodaj dodatkowe posypki, aby uzyskać rozkoszny akcent. Ciesz się Funfetti Scones!

## 32.Ukochane bułeczki w kształcie serca

**SKŁADNIKI:**
**NA SCONES:**
- 2 łyżki ciepłej wody (nie gorącej)
- 1 łyżka aktywnych suchych drożdży
- 1 łyżeczka cukru granulowanego
- 2 ¾ szklanki mąki uniwersalnej
- ¼ szklanki) cukru
- 3 łyżeczki proszku do pieczenia
- 1 łyżeczka soli
- 1 szklanka zimnego tłuszczu
- ⅞ szklanki pełnego mleka
- 1 łyżeczka ekstraktu waniliowego

**DO PŁUCZENIA JAJ I POsypki Cukrowej:**
- 1 białko jaja
- 2 łyżki zimnej wody
- 2 łyżki białego cukru musującego lub różowego cukru dekoracyjnego

**INSTRUKCJE:**
a) Rozpocznij od rozgrzania piekarnika do 191°C i wyłożenia blachy do pieczenia papierem pergaminowym.

b) W małej szklanej misce wymieszaj ciepłą wodę z aktywnymi suchymi drożdżami i 1 łyżeczką granulowanego cukru. Pozostaw mieszaninę drożdży do wyrośnięcia na około 10 minut lub do momentu, aż utworzy się gąbka, która będzie mniej więcej czterokrotnie większa od pierwotnej mieszanki.

c) W dużej misce przesiej mąkę uniwersalną, cukier, proszek do pieczenia i sól.

d) Zimny tłuszcz pokroić w drobną kostkę i za pomocą blendera lub widelca wmieszać go do mieszanki, aż będzie przypominał okruszki z dużymi grudkami tłuszczu wielkości grochu. Uważaj, aby nie przepracować mieszaniny; nadal pozostaną plamy suchych składników.

e) Utwórz dołek na środku mieszanki okruchów i dodaj całe mleko, ekstrakt waniliowy i mieszaninę drożdży. Delikatnie wymieszaj mieszaninę, aż będzie ledwo wilgotna i utworzy ciasto. Mogą nadal znajdować się duże kawałki suchej mąki. Nasadą dłoni kilkakrotnie dociśnij mieszaninę w dół i w poprzek, aż się połączy.

f) Posyp lub przesiej około 2 łyżek mąki na powierzchnię roboczą pokrytą pergaminem.

g) Uformuj ciasto w gładką kulę i połóż na przygotowanej powierzchni roboczej.

h) Poklep lub rozwałkuj ciasto na wysokość ¾". Używając ruchu w górę i w dół, wycinaj bułeczki za pomocą foremki w kształcie serca o średnicy 2 ½ cala. Aby ułatwić ten proces, zanurz foremkę w mące pomiędzy nacięciami. Zbierz ciasto. skrawki, przeformułuj je i pokrój ponownie.

i) Ułóż bułeczki na wyłożonej pergaminem blasze do pieczenia, zachowując 2-calowe odstępy między nimi.

j) Umieść blachę do pieczenia w ciepłym miejscu i pozostaw bułeczki do wyrośnięcia na 30 minut lub do momentu, aż prawie podwoją swoją wysokość i osiągną około 1 ¼ cala wysokości. W czasie wyrastania bułeczek rozgrzej piekarnik do 191°C.

k) Białko ubić z 2 łyżkami zimnej wody, aż powstanie piana i dobre połączenie. Wierzch bułeczek posmaruj białkiem ciasta i posyp cukrem musującym.

l) Piec bułeczki przez 8 do 14 minut lub do momentu, aż się zetną, a krawędzie lekko zarumienią. Następnie przenieś scones z blachy do pieczenia na kratkę do studzenia.

## 33. Cadbury Creme Egg Scones

**SKŁADNIKI:**
- 8 jajek Cadbury Creme o normalnej wielkości
- 3 ¼ szklanki mąki uniwersalnej
- ¼ szklanki granulowanego cukru
- ¼ szklanki brązowego cukru pudru
- 1 łyżka plus 1 łyżeczka proszku do pieczenia
- ¼ łyżeczki cynamonu
- ¼ łyżeczki soli
- 3 łyżki zimnego masła, pokrojonego w kostkę
- 2 szklanki zimnej, ciężkiej śmietany do ubijania
- Cukier surowy lub nonpareils o tematyce wielkanocnej (opcjonalnie)

**INSTRUKCJE:**

a) Zacznij od usunięcia folii z każdego jajka Cadbury Creme Egg. Grubo posiekaj je ostrym nożem, choć może się trochę lepić. Przenieś posiekane jajka na patelnię lub talerz wyłożony pergaminem lub woskowanym papierem i uformuj je w równą warstwę. Umieść patelnię w zamrażarce na 1-2 godziny lub do czasu, aż posiekane jajka i lepkie nadzienie będą twarde.

b) Rozgrzej piekarnik do 375 stopni F. Wyłóż blachę do pieczenia papierem pergaminowym lub, jeśli wolisz, użyj kamienia do pieczenia (bez żadnej wkładki).

c) W dużej misce wymieszaj mąkę uniwersalną, cukier granulowany, cukier brązowy, proszek do pieczenia, cynamon i sól. Pokrój zimne masło w mieszaninę mąki za pomocą krajarki do ciasta lub dwóch noży, aż będzie przypominało grubą okruchy.

d) Wyjmij jajka Cadbury Creme Eggs z zamrażarki i przenieś je na deskę do krojenia. Jajka ponownie pokroić w kostkę. Dodać je do mieszanki mącznej i wymieszać do pokrycia.

e) Do miski wlewamy za jednym razem zimną, gęstą śmietankę, następnie delikatnie mieszamy drewnianą łyżką, aż składniki się lekko zwilżą. Wyrośnięte ciasto wyłóż na blat lub matę cukierniczą oprószoną mąką i bardzo delikatnie zagniataj, aż powstanie ciasto. Unikaj nadmiernego mieszania; ciasto powinno być lekko popękane i suche.

f) Delikatnie wklep ciasto w płytę o grubości od ¾ do 1 cala. Używając foremki do ciastek o średnicy od 2 ½ do 3 ½ cala lub okrągłej szklanki, pokrój ciasto w krążki i przenieś je na blachę do pieczenia lub kamień, zachowując odstępy 2 cali od siebie. Posyp cukrem surowym lub, jeśli chcesz, zanurz górę każdej rundy w misce nonpareils.

g) Piec przez 18 do 22 minut lub do momentu, gdy bułeczki nabiorą pięknego złotego odcienia. Podawać je na ciepło lub w temperaturze pokojowej. Pozostałości przechowuj w szczelnym pojemniku do 3 dni.

h) Rozkoszuj się ciastkami Cadbury Creme Egg Scones jako zachwycającą, fantazyjną przekąską śniadaniową, idealną na świętowanie Wielkanocy lub każdego dnia, w którym masz ochotę na odrobinę słodyczy.

## 34.Bułeczki z marakui

**SKŁADNIKI:**
- 2 filiżanki mąki uniwersalnej
- ⅓ szklanki cukru
- 1 łyżka proszku do pieczenia
- ½ łyżeczki soli
- ½ szklanki niesolonego masła, schłodzonego i pokrojonego w kostkę
- ⅔ szklanki miąższu z marakui
- ½ szklanki gęstej śmietanki

**INSTRUKCJE:**
a) Rozgrzej piekarnik do 400°F.
b) W misce wymieszaj mąkę, cukier, proszek do pieczenia i sól.
c) Dodaj schłodzone masło i za pomocą blendera lub rąk pokrój masło na suche składniki, aż mieszanina będzie krucha.
d) Dodaj miazgę z marakui i gęstą śmietanę, mieszaj, aż ciasto się połączy.
e) Wyrośnięte ciasto wyłóż na blat posypany mąką i rozwałkuj na kształt koła.
f) Ciasto pokroić na 8 klinów
g) Ułóż scones na blasze do pieczenia wyłożonej papierem pergaminowym.
h) Piec przez 18-20 minut lub do złotego koloru.
i) Podawać na ciepło z masłem i dodatkowym miąższem z marakui.

## 35.Scones z kokosem i ananasem

**SKŁADNIKI:**
**SCONY:**
- 2 szklanki mieszanki do pieczenia
- 1 łyżeczka proszku do pieczenia
- ¼ szklanki niesolonego masła, twardego, pokrojonego na małe kawałki
- 2 uncje sera śmietankowego
- ½ szklanki kokosa typu aniołek
- ½ szklanki posiekanych orzechów makadamia
- Zamiennik cukru w ilości równej ⅓ szklanki cukru
- ⅓ szklanki napoju mlecznego Carb Countdown
- 1 duże jajko, ubite
- 1 łyżeczka ekstraktu z ananasa
- 1 łyżka gęstej śmietanki do posmarowania

**KOKOS TYPU ANIOŁ:**
- ½ szklanki niesłodzonych wiórków kokosowych
- 1 ½ łyżki. gotująca się woda
- Substytut cukru w ilości 2 łyżeczek. cukru

## INSTRUKCJE:
### KOKOS TYPU ANIOŁ:
a) Umieść kokos w małej misce. Zalać wrzącą wodą ze słodzikiem i mieszać aż kokos dobrze zwilży się.
b) Połóż arkusz plastikowej folii na misce i odstaw na 15 minut.

### SCONY:
c) Rozgrzej piekarnik do 400 stopni. Blachę do pieczenia wyłóż papierem pergaminowym.
d) W średniej wielkości misce wymieszaj łyżeczkę proszku do pieczenia z mieszanką do pieczenia.
e) Pokrój masło i serek śmietankowy w mieszankę do pieczenia, aż mieszanina będzie przypominała grube okruchy. Wymieszaj orzechy kokosowe i makadamia.
f) W osobnej misce wymieszaj mleko, jajko, substytut cukru i ekstrakt z ananasa.
g) Do suchej dodać mokrą mieszankę i wymieszać, aż powstanie miękkie ciasto (będzie lepkie).
h) Wyłóż ciasto na powierzchnię lekko posypaną mieszanką do pieczenia.
i) Delikatnie rozwałkuj ciasto, aby je pokryć. Lekko ugniataj 10 razy.
j) Na wyłożonej pergaminem blasze do pieczenia uformuj okrąg o średnicy 7 cali. Jeśli ciasto jest zbyt lepkie, przykryj je kawałkiem folii i uformuj okrąg. Posmaruj wierzch kremem. Pokrój na 8 klinów, ale nie oddzielny.
k) Piec przez 15 do 20 minut lub do złotego koloru. Wyjmij z piekarnika. Odczekaj 5 minut, następnie ostrożnie odetnij i rozdziel kliny wzdłuż linii nacięcia. Podawać na ciepło.

## 36. Różowe bułeczki z lemoniadą

**SKŁADNIKI:**
- 1 szklanka gęstej śmietanki
- 1 szklanka lemoniady
- 6 kropli różowego barwnika spożywczego
- 3 szklanki mąki samorosnącej
- 1 szczypta soli
- dżem, do podania
- krem, do podania

**INSTRUKCJE:**
a) Rozgrzej piekarnik do 450°F
b) Wszystkie składniki umieścić w misce. Mieszaj lekko aż do połączenia.
c) Zeskrobać na posypaną mąką powierzchnię.
d) Lekko zagnieć i uformuj ciasto o grubości około 1 cala.
e) Następnie za pomocą okrągłej foremki wytnij bułeczki.
f) Ułożyć na natłuszczonej blasze i posmarować wierzch odrobiną mleka.
g) Piec przez 10-15 minut lub do momentu, aż wierzch się zarumieni.
h) Podawać z dżemem i śmietaną.

## 37.Bułeczki Dyniowo-Żurawinowe

**SKŁADNIKI:**

- 2 szklanki mieszanki do pieczenia
- 1 łyżka masła
- 2 opakowania Splendy
- ¾ szklanki dyni konserwowej, zimnej
- 1 jajko, ubite
- 1 łyżka gęstej śmietanki
- ½ szklanki świeżej żurawiny, przekrojonej na połówki

**INSTRUKCJE:**

a) Rozgrzej piekarnik do 220°C (425°F).
b) Pokrój masło w mieszankę do pieczenia.
c) Dodaj Splenda (dostosuj do smaku), dynię z puszki, ubite jajko i gęstą śmietanę do mieszanki do pieczenia. Dobrze wymieszaj składniki, ale nie mieszaj ich zbyt mocno.
d) Delikatnie dodaj połówki żurawiny.
e) Z ciasta uformuj 10 kulek i ułóż je na wysmarowanej masłem blasze. Delikatnie dociśnij każdą kulkę, wygładzając zewnętrzne krawędzie.
f) W razie potrzeby posmaruj wierzch bułeczek dodatkowym gęstym kremem.
g) Piec na środkowej półce nagrzanego piekarnika przez 10-15 minut lub do momentu, aż bułeczki staną się złotobrązowe.
h) Podawaj ciepłe scones z masłem i/lub bitą śmietaną.

# CIASTECZKA Z KAWAŁKAMI CZEKOLADY

## 38.Ciasteczka z preclami i karmelem

**SKŁADNIKI:**
- 1 opakowanie mieszanki na ciasto czekoladowe (normalny rozmiar)
- 1/2 szklanki roztopionego masła
- 2 duże jajka, temperatura pokojowa
- 1 szklanka połamanych miniaturowych precli, podzielona
- 1 szklanka półsłodkich kawałków czekolady
- 2 łyżki posypki solony karmel

**INSTRUKCJE:**
a) Rozgrzej piekarnik do 350°. Połączyć mieszankę ciasta z roztopionym masłem i jajkami; ubijaj, aż się zmiksuje. Wymieszaj 1/2 szklanki precli, kawałki czekolady i polewę karmelową.

b) Nakładać zaokrąglonymi łyżkami w odstępie 2 cali na natłuszczoną blachę do pieczenia. Lekko spłaszcz dnem szklanki; Na wierzch każdego z nich wciśnij pozostałe precle. Piec 8-10 minut lub do momentu, aż ciasto się zetnie.

c) Studzimy na patelniach przez 2 minuty. Wyjąć na kratkę do całkowitego wystygnięcia.

# 39. Ciasteczka z granolą i czekoladą

**SKŁADNIKI:**

- 1 18,25-uncjowa mieszanka ciasta czekoladowego
- ¾ szklanki masła , zmiękczonego
- ½ szklanki brązowego cukru pudru
- 2 jajka
- 1 szklanka granoli
- 1 szklanka kawałków białej czekolady
- 1 szklanka suszonych wiśni

**INSTRUKCJE:**

a) Rozgrzej piekarnik do 375°F.
b) W dużej misce połącz mieszankę ciasta, masło , brązowy cukier i jajka i ubijaj, aż powstanie ciasto.
c) Wymieszać z granolą i kawałkami białej czekolady. Nakładać po łyżeczkach w odstępie około 2 cali na nienatłuszczoną blachę z ciasteczkami.
d) Piec przez 10–12 minut lub do momentu, gdy ciasteczka będą lekko złociste na brzegach.
e) Studzimy na blasze przez 3 minuty, następnie wyjmujemy na metalową kratkę .

# 40. Ciasteczka Biscoff z kawałkami czekolady

## SKŁADNIKI:
- 1 szklanka niesolonego masła, zmiękczonego
- 1 szklanka granulowanego cukru
- 1 szklanka brązowego cukru
- 2 duże jajka
- 1 łyżeczka ekstraktu waniliowego
- 3 szklanki mąki uniwersalnej
- 1 łyżeczka sody oczyszczonej
- ½ łyżeczki soli
- 1 szklanka pasty Biscoff
- 1 ½ szklanki kawałków czekolady

## INSTRUKCJE:
a) Rozgrzej piekarnik do 175°C i wyłóż blachę do pieczenia papierem pergaminowym.
b) W dużej misce utrzyj miękkie masło, cukier granulowany i brązowy cukier, aż masa będzie jasna i puszysta.
c) Wbijaj po jednym jajku, a następnie ekstrakt waniliowy.
d) W osobnej misce wymieszaj mąkę, sodę oczyszczoną i sól.
e) Stopniowo dodawaj suche składniki do masy maślanej, mieszaj aż do połączenia.
f) Mieszaj, aż masa Biscoff zostanie całkowicie włączona.
g) Włóż kawałki czekolady.
h) Na przygotowaną blachę do pieczenia nakładaj zaokrąglone łyżki ciasta, zachowując odstępy około 2 cali.
i) Piec przez 10-12 minut lub do momentu, aż krawędzie staną się złotobrązowe.
j) Wyjmij ciasteczka z piekarnika i pozostaw je na blasze do ostygnięcia na kilka minut, a następnie przenieś je na metalową kratkę, aby całkowicie ostygły.

# 41.Ciasteczka Czarnego Lasu

**SKŁADNIKI:**

- 2 ¼ szklanki mąki uniwersalnej
- ½ szklanki holenderskiego kakao w proszku
- ½ łyżeczki proszku do pieczenia
- ½ łyżeczki sody oczyszczonej
- 1 łyżeczka soli
- 1 szklanka niesolonego masła roztopionego i ostudzonego
- ¾ szklanki brązowego cukru pakowanego jasnego lub ciemnego
- ¾ szklanki białego granulowanego cukru
- 1 łyżeczka czystego ekstraktu waniliowego
- 2 Duże jajka w temperaturze pokojowej
- 1 szklanka kawałków białej czekolady
- ½ szklanki półsłodkich kawałków czekolady
- 1 szklanka świeżych wiśni Umyte, wypestkowane i pokrojone na ćwiartki

**INSTRUKCJE:**

a) Rozpuść masło w kuchence mikrofalowej i pozostaw do ostygnięcia na 10-15 minut, aż osiągnie temperaturę pokojową. Przygotuj wiśnie i pokrój je na małe ćwiartki.

b) 1 szklanka niesolonego masła, 1 szklanka świeżych wiśni

c) Rozgrzej piekarnik do 350°F. Dwie blachy z ciasteczkami wyłóż papierem pergaminowym. Odłożyć na bok.

d) W średniej misce wymieszaj mąkę, kakao w proszku, proszek do pieczenia, sodę oczyszczoną i sól. Odłożyć na bok.

e) 2 ¼ szklanki mąki uniwersalnej, ½ szklanki niesłodzonego kakao w proszku, ½ łyżeczki proszku do pieczenia, ½ łyżeczki sody oczyszczonej, 1 łyżeczka soli

f) W dużej misce dodaj roztopione masło, brązowy cukier, cukier, wanilię i jajka. Mieszaj gumową szpatułką, aż masa będzie gładka.

g) 1 szklanka niesolonego masła, ¾ szklanki brązowego cukru, ¾ szklanki białego granulowanego cukru, 1 łyżeczka czystego ekstraktu waniliowego, 2 duże jajka

h) Dodajemy suche składniki i mieszamy aż się połączą. Będzie to miękkie ciasto. Dodaj kawałki białej czekolady, kawałki czekolady i świeże wiśnie.

i) 1 szklanka kawałków białej czekolady, ½ szklanki półsłodkich kawałków czekolady, 1 szklanka świeżych wiśni

j) Do nabierania ciasta użyj dużej miarki do ciastek (3 uncje miarki do ciasteczek). Umieść 6 kulek ciasta na arkusz ciasteczek.

k) Piec po jednym arkuszu ciasteczek na raz. Piec 13-15 minut. Gdy jest ciepły, posyp dodatkowymi kawałkami czekolady i kawałkami białej czekolady.

l) Pozostaw ciasteczko na 10 minut na rozgrzanej patelni. Następnie przenieść na kratkę do studzenia.

## 42. Ciasteczka Truflowe Czekoladowe

**SKŁADNIKI:**
- 8 łyżek (1 kostka) niesolonego masła
- 8 uncji ciemnej czekolady (64% kakao lub więcej), grubo posiekanej
- ½ szklanki niebielonej mąki uniwersalnej lub mąki bezglutenowej
- 2 łyżki kakao w proszku holenderskiego (99% kakao)
- ¼ łyżeczki drobnej soli morskiej
- ¼ łyżeczki sody oczyszczonej
- 2 duże jajka w temperaturze pokojowej
- ½ szklanki) cukru
- 2 łyżeczki ekstraktu waniliowego
- 1 szklanka kawałków ciemnej czekolady (64% kakao lub więcej)

**INSTRUKCJE:**

a) Rozpuść masło i ciemną czekoladę w podwójnym bojlerze na małym ogniu, mieszając od czasu do czasu, aż do całkowitego rozpuszczenia. Całkowicie ostudzić.

b) W małej misce połącz mąkę, kakao, sól i sodę oczyszczoną. Odłożyć na bok.

c) Używając miksera elektrycznego, ubij jajka i cukier w dużej misce na dużej prędkości, aż będą jasne i puszyste, około 2 minut. Dodaj wanilię, następnie roztopioną czekoladę i masło i ubijaj przez 1 do 2 minut, aż składniki się połączą.

d) Zdrap boki miski i za pomocą dużej gumowej szpatułki wymieszaj suche składniki, aż się połączą. Włóż kawałki czekolady. Przykryj folią spożywczą i wstaw do lodówki na co najmniej 4 godziny.

e) Umieść stojak na środku piekarnika i rozgrzej piekarnik do 325°F. Blachę do pieczenia wyłóż papierem pergaminowym.

f) Zwilż ręce wodą i zwiń ciasto w kulki o średnicy 2 cali, umieszczając je w odległości około 2 cali na wyłożonej blachą do pieczenia. Pracuj szybko, a jeśli pieczesz ciasteczka partiami, pozostaw ciasto pomiędzy rundami w lodówce.

g) Piec przez 12 do 13 minut, aż brzegi lekko się podniosą, a środek będzie w większości zetlony. Wyjmij z piekarnika i pozostaw do ostygnięcia na blasze przez co najmniej 10 minut, następnie przełóż na kratkę i pozostaw do całkowitego ostygnięcia.

**DO SKŁADANIA KANAPEK LODOWYCH**

h) Ciasteczka ułożyć na blaszce i zamrozić na 1 godzinę. Zmiękcz 1 litr lodów, aż będzie można je nabrać. Lubię zachować prostotę i używam lodów Sweet Cream, ale możesz użyć dowolnego smaku.

i) Wyjmij ciasteczka z zamrażarki i szybko nałóż na ciasteczko od 2 do 4 uncji lodów. Rozgnieść lody, kładąc na wierzchu kolejne ciasteczko. Powtarzać.

j) Po złożeniu wszystkich kanapek włóż je z powrotem do zamrażarki na co najmniej 2 godziny, aby stwardniały.

## 43. Kanapki z podwójną czekoladą

**SKŁADNIKI:**
- 1 szklanka niebielonej mąki uniwersalnej
- 1/2 szklanki niesłodzonego kakao do pieczenia, przesianego
- 1/2 łyżeczki sody oczyszczonej
- 1/4 łyżeczki soli
- 1/4 szklanki roztopionych kawałków czekolady niemlecznej
- 1/2 szklanki margaryny niemlecznej, miękkiej
- 1 szklanka odparowanego cukru trzcinowego
- 1 łyżeczka ekstraktu waniliowego

**INSTRUKCJE:**
a) Rozgrzej piekarnik do 325°F. Dwie blachy do pieczenia wyłóż papierem pergaminowym.
b) W średniej misce wymieszaj mąkę, kakao w proszku, sodę oczyszczoną i sól. W dużej misce, za pomocą ręcznego miksera elektrycznego, utrzyj razem roztopione kawałki czekolady, margarynę, cukier i wanilię, aż dobrze się połączą. Dodawaj suche składniki do mokrych partiami, aż do całkowitego połączenia.
c) Nabieraj małe kulki ciasta, mniej więcej wielkości dużego marmuru (około 2 łyżeczki) na przygotowane blachy do pieczenia w odległości około 2 cali od siebie. Lekko natłuść tył łyżki i delikatnie i równomiernie dociśnij każde ciasteczko, aż będzie spłaszczone i będzie miało około 1-1/2 cala szerokości. Piec przez 12 minut lub do momentu, aż krawędzie się zetną. Jeśli pieczesz oba arkusze jednocześnie, obróć je w połowie pieczenia.
d) Po wyjęciu z piekarnika odstawiamy ciasteczka na blaszkę na 5 minut, po czym przekładamy je na metalową kratkę. Pozwól ciasteczkom całkowicie ostygnąć. Przechowywać w szczelnym pojemniku

## 44.Ciasteczka z kawałkami czekolady

**SKŁADNIKI:**
- 2 ¼ szklanki mieszanki Bisquick
- ½ szklanki granulowanego cukru
- ½ szklanki brązowego cukru, zapakowane
- ½ szklanki niesolonego masła, zmiękczonego
- 1 łyżeczka ekstraktu waniliowego
- 1 jajko
- 1 szklanka kawałków czekolady

**INSTRUKCJE:**
a) Rozgrzej piekarnik do 190°C (375°F).
b) W misce wymieszaj mieszankę Bisquick, cukier granulowany, cukier brązowy, miękkie masło, ekstrakt waniliowy i jajko. Mieszaj, aż dobrze się połączą.
c) Wmieszaj kawałki czekolady.
d) Nakładać zaokrąglonymi łyżeczkami ciasta na nienatłuszczoną blachę do pieczenia.
e) Piec przez 8-10 minut lub do momentu, gdy ciasteczka będą lekko złociste na brzegach.
f) Pozwól, aby ciasteczka z kawałkami czekolady ostygły na blasze do pieczenia przez kilka minut, a następnie przenieś je na metalową kratkę, aby całkowicie ostygły.
g) Podawaj ciasteczka i ciesz się!

## 45. Ciasteczka z białą czekoladą Matcha bez pieczenia

**SKŁADNIKI:**

- 2 szklanki płatków owsianych
- 1 szklanka kawałków białej czekolady
- ½ szklanki masła migdałowego
- ¼ szklanki miodu
- 1 łyżka proszku matcha
- 1 łyżeczka ekstraktu waniliowego

**INSTRUKCJE:**

a) W dużej misce wymieszaj płatki owsiane i proszek matcha.

b) W misce przeznaczonej do kuchenki mikrofalowej rozpuść kawałki białej czekolady w kuchence mikrofalowej, mieszając co 30 sekund, aż masa będzie gładka.

c) Do roztopionej białej czekolady dodaj masło migdałowe, miód i ekstrakt waniliowy i mieszaj, aż składniki dobrze się połączą.

d) Wlać mokrą mieszaninę na płatki owsiane i matchę i mieszać, aż wszystkie składniki zostaną równomiernie pokryte.

e) Nakładać łyżką masę na wyłożoną papierem blachę do pieczenia i lekko spłaszczać.

f) Przechowywać w lodówce przez około 1 godzinę lub do momentu stwardnienia.

## 46. Cadbury i orzechów laskowych

**SKŁADNIKI:**

- 150 g niesolonego masła, miękkiego
- 150 g cukru pudru
- 1 duże jajko
- 1 łyżeczka ekstraktu waniliowego
- 225 g mąki samorosnącej
- ½ łyżeczki proszku do pieczenia
- ¼ łyżeczki soli
- 100 g kawałków czekolady Cadbury
- 50 g posiekanych orzechów laskowych

**INSTRUKCJE:**

a) Rozgrzej piekarnik do 180C/160C z termoobiegiem/gaz 4.
b) Blachę do pieczenia wyłóż papierem pergaminowym.
c) W dużej misce wymieszaj miękkie masło i cukier puder, aż masa będzie jasna i kremowa.
d) Wbić jajko i ekstrakt waniliowy.
e) Przesiej mąkę samorosnącą, proszek do pieczenia i sól i mieszaj, aż składniki się połączą.
f) Wymieszaj kawałki czekolady Cadbury i posiekane orzechy laskowe.
g) Z powstałej masy uformuj małe kulki i ułóż je na przygotowanej blasze do pieczenia, zachowując duże odstępy.
h) Piec przez 12-15 minut lub do momentu, aż ciasto będzie lekko złociste i gotowe.
i) Pozostawić do ostygnięcia na blasze do pieczenia na 5 minut, a następnie przenieść na kratkę do całkowitego wystygnięcia.

## 47.Ciasto miksujące ciasteczka

**SKŁADNIKI:**

- 1 paczka Niemiecka mieszanka ciast czekoladowych; budyń wliczony w cenę
- 1 filiżanka Półsłodkie chipsy czekoladowe
- ½ szklanki Płatki owsiane
- ½ szklanki rodzynki
- ½ szklanki Oliwa z oliwek
- 2 Jajka; lekko pobity

**INSTRUKCJE:**

a) Rozgrzej piekarnik do 350 stopni.
b) W dużej misce połącz wszystkie składniki; dobrze wymieszać. Nakładać ciasto zaokrągloną łyżeczką w odstępie dwóch cali na nienatłuszczone blachy z ciasteczkami.
c) Piec w temperaturze 350 stopni przez 8-10 minut lub do momentu, aż się zetnie. Schłodzić 1 minutę; usunąć z arkuszy ciasteczek.

## 48.Niemieckie ciasteczka

**SKŁADNIKI:**
- 1 pudełko 18,25 uncji Niemiecka mieszanka ciasta czekoladowego
- 1 szklanka półsłodkich kawałków czekolady
- 1 szklanka płatków owsianych
- ½ szklanki oliwy z oliwek
- 2 jajka, lekko ubite
- ½ szklanki rodzynek
- 1 łyżeczka wanilii

**INSTRUKCJE:**
a) Rozgrzej piekarnik do 350°F.
b) Połącz wszystkie składniki. Dobrze wymieszaj, używając miksera elektrycznego ustawionego na niską prędkość. Jeśli pojawią się mączne okruszki, dodaj odrobinę wody.
c) Nakładać łyżką ciasto na nienatłuszczoną blachę.
d) Piec przez 10 minut.
e) Całkowicie ostudzić przed wyjęciem ciasteczek z blachy i na talerz.

## 49. Wiśniowe ciasteczka

**SKŁADNIKI:**
- 2 ¼ szklanki mąki uniwersalnej
- ½ szklanki holenderskiego kakao w proszku
- ½ łyżeczki proszku do pieczenia
- ½ łyżeczki sody oczyszczonej
- 1 łyżeczka soli
- 1 szklanka niesolonego masła roztopionego i ostudzonego
- ¾ szklanki brązowego cukru pakowanego jasnego lub ciemnego
- ¾ szklanki białego granulowanego cukru
- 1 łyżeczka czystego ekstraktu waniliowego
- 2 Duże jajka w temperaturze pokojowej
- 1 szklanka kawałków białej czekolady
- ½ szklanki półsłodkich kawałków czekolady
- 1 szklanka świeżych wiśni Umyte, wypestkowane i pokrojone na ćwiartki

**INSTRUKCJE:**

m) Rozpuść masło w kuchence mikrofalowej i pozostaw do ostygnięcia na 10-15 minut, aż osiągnie temperaturę pokojową. Przygotuj wiśnie i pokrój je na małe ćwiartki.

n) 1 szklanka niesolonego masła, 1 szklanka świeżych wiśni

o) Rozgrzej piekarnik do 350°F. Dwie blachy z ciasteczkami wyłóż papierem pergaminowym. Odłożyć na bok.

p) W średniej misce wymieszaj mąkę, kakao w proszku, proszek do pieczenia, sodę oczyszczoną i sól. Odłożyć na bok.

q) 2 ¼ szklanki mąki uniwersalnej, ½ szklanki niesłodzonego kakao w proszku, ½ łyżeczki proszku do pieczenia, ½ łyżeczki sody oczyszczonej, 1 łyżeczka soli

r) W dużej misce dodaj roztopione masło, brązowy cukier, cukier, wanilię i jajka. Mieszaj gumową szpatułką, aż masa będzie gładka.

## 50. Wzierniki

**SKŁADNIKI:**
- 2 filiżanki mąki uniwersalnej
- ½ szklanki niesolonego masła, zmiękczonego
- ¾ szklanki brązowego cukru
- 1 łyżeczka mielonego cynamonu
- ½ łyżeczki mielonej gałki muszkatołowej
- ½ łyżeczki mielonego imbiru
- ¼ łyżeczki mielonych goździków
- ¼ łyżeczki mielonego kardamonu
- ¼ łyżeczki soli
- 1 duże jajko

**INSTRUKCJE:**
a) W misce wymieszaj mąkę, mielony cynamon, gałkę muszkatołową, imbir, goździki, kardamon i sól. Odłożyć na bok.
b) W osobnej misce utrzyj miękkie masło i brązowy cukier na jasną i puszystą masę.
c) Ubijaj jajko, aż dobrze się połączy.
d) Stopniowo dodawaj mieszaninę suchych składników do mieszanki masła.
e) Mieszaj, aż ciasto się połączy.
f) Jeśli ciasto wydaje się zbyt suche, można dodać łyżkę mleka, aby je związać.
g) Z ciasta uformuj dysk i zawiń go w plastikową folię. Ciasto przechowuj w lodówce przez co najmniej 1 godzinę lub do momentu, aż będzie twarde.
h) Rozgrzej piekarnik do 175°C (350°F). Blachę do pieczenia wyłóż papierem pergaminowym.
i) Na lekko posypanej mąką powierzchni rozwałkuj schłodzone ciasto na grubość około ¼ cala.
j) Za pomocą foremek do ciastek wytnij z ciasta pożądane kształty. Tradycyjnie ciasteczka Speculoos mają kształt wiatraków, ale możesz użyć dowolnego kształtu.
k) Wycięte ciasteczka układamy na przygotowanej blasze, zachowując odstęp pomiędzy każdym ciasteczkiem.
l) Piecz ciasteczka w nagrzanym piekarniku przez około 10-12 minut lub do momentu, aż będą lekko złociste na brzegach.

m) Wyjmij ciasteczka z piekarnika i pozwól im ostygnąć na metalowej kratce.

n) Po całkowitym ostygnięciu ciasteczka Speculoos są gotowe do spożycia. Można je przechowywać w szczelnym pojemniku przez kilka dni.

o) 1 szklanka niesolonego masła, ¾ szklanki brązowego cukru, ¾ szklanki białego granulowanego cukru, 1 łyżeczka czystego ekstraktu waniliowego, 2 duże jajka

p) Dodajemy suche składniki i mieszamy aż się połączą. Będzie to miękkie ciasto. Dodaj kawałki białej czekolady, kawałki czekolady i świeże wiśnie.

q) 1 szklanka kawałków białej czekolady, ½ szklanki półsłodkich kawałków czekolady, 1 szklanka świeżych wiśni

r) Do nabierania ciasta użyj dużej miarki do ciastek (3-uncjowa miarka do ciastek). Umieść 6 kulek ciasta na arkusz ciasteczek.

s) Piec po jednym arkuszu ciasteczek na raz. Piec 13-15 minut. Gdy jest ciepły, posyp dodatkowymi kawałkami czekolady i kawałkami białej czekolady.

t) Pozostaw ciasteczko na 10 minut na rozgrzanej patelni. Następnie przenieść na kratkę do studzenia.

## 51. Ciasteczka z płatkami kukurydzianymi i kawałkami czekolady

## SKŁADNIKI:

- 1 szklanka niesolonego masła, zmiękczonego
- 1 szklanka granulowanego cukru
- 1 szklanka zapakowanego brązowego cukru
- 2 duże jajka
- 1 łyżeczka ekstraktu waniliowego
- 2 filiżanki mąki uniwersalnej
- 1 łyżeczka sody oczyszczonej
- ½ łyżeczki soli
- 2 szklanki kawałków czekolady
- 2 szklanki pokruszonych płatków kukurydzianych

## INSTRUKCJE:

a) Rozgrzej piekarnik do 175°C (350°F). Blachy do pieczenia wyłóż papierem pergaminowym.

b) W dużej misce utrzyj miękkie masło, cukier granulowany i brązowy cukier na jasną i puszystą masę.

c) Dodawaj jajka, jedno po drugim, dobrze ubijając po każdym dodaniu. Wymieszaj ekstrakt waniliowy.

d) W osobnej misce wymieszaj mąkę, sodę oczyszczoną i sól. Stopniowo dodawaj suche składniki do mokrych i mieszaj, aż składniki się połączą.

e) Dodać kawałki czekolady i pokruszone płatki kukurydziane.

f) Na przygotowane blachy do pieczenia nakładaj zaokrąglone łyżki ciasta, zachowując odstępy.

g) Piec przez 10-12 minut lub do złotego koloru na brzegach.

h) Pozostaw ciasteczka na blasze do ostygnięcia na kilka minut, a następnie przenieś je na metalową kratkę, aby całkowicie ostygły.

## 52.Ciasteczka cappuccino z białą czekoladą

**SKŁADNIKI:**
- 1 szklanka niesolonego masła, zmiękczonego
- 1 szklanka granulowanego cukru
- 2 duże jajka
- 2 łyżeczki granulatu kawy rozpuszczalnej
- 2 łyżeczki ekstraktu waniliowego
- 2 ½ szklanki mąki uniwersalnej
- ½ szklanki kakao w proszku
- 1 łyżeczka sody oczyszczonej
- ½ łyżeczki soli
- 1 szklanka kawałków białej czekolady

**INSTRUKCJE:**

a) Rozgrzej piekarnik do 175°C i wyłóż blachę do pieczenia papierem pergaminowym.
b) W dużej misce utrzyj miękkie masło i granulowany cukier, aż masa będzie jasna i puszysta.
c) Dodawać po jednym jajku, dobrze miksując po każdym dodaniu.
d) Granulat kawy rozpuszczalnej rozpuszczamy w niewielkiej ilości gorącej wody. Dodaj tę mieszankę kawy i ekstrakt waniliowy do mokrych składników. Mieszaj, aż dobrze się połączą.
e) W osobnej misce wymieszaj mąkę, kakao, sodę oczyszczoną i sól.
f) Stopniowo dodawaj suche składniki do mokrych, mieszaj, aż powstanie ciasto.
g) Mieszaj kawałki białej czekolady, aż zostaną równomiernie rozłożone w cieście.
h) Za pomocą łyżki lub miarki do ciasteczek nakładać zaokrąglone łyżki ciasta na przygotowaną blachę do pieczenia, zachowując odstępy około 2 cali.
i) Każde ciasteczko lekko spłaszcz grzbietem łyżki lub palcami.
j) Piec w nagrzanym piekarniku przez 10-12 minut lub do momentu, aż brzegi się zetną, a środki będą nadal lekko miękkie. Uważaj, aby nie przesmażyć.
k) Wyjmij ciasteczka z piekarnika i pozostaw je na kilka minut do ostygnięcia na blasze do pieczenia, a następnie przenieś je na metalową kratkę, aby całkowicie ostygły.
l) Po ostygnięciu delektuj się tymi pysznymi ciasteczkami Cappuccino z białą czekoladą z filiżanką kawy lub cappuccino!

## 53. Snickers Bar Ciasteczka nadziewane czekoladą

**SKŁADNIKI:**

- 2 ½ szklanki mąki uniwersalnej
- 1 łyżeczka sody oczyszczonej
- ½ łyżeczki soli
- 1 szklanka niesolonego masła, zmiękczonego
- 1 szklanka granulowanego cukru
- 1 szklanka zapakowanego brązowego cukru
- 2 duże jajka
- 1 łyżeczka ekstraktu waniliowego
- 1 ½ szklanki kawałków czekolady
- 1 szklanka posiekanych batonów Snickers

**INSTRUKCJE:**

a) Rozgrzej piekarnik do 190°C i wyłóż blachę do pieczenia papierem pergaminowym.
b) W misce wymieszaj mąkę, sodę oczyszczoną i sól.
c) W osobnej misce utrzyj miękkie masło, cukier granulowany i brązowy cukier na jasną i puszystą masę.
d) Ubij jajka i ekstrakt waniliowy, aż dobrze się połączą.
e) Stopniowo dodawaj suche składniki do mokrych i mieszaj, aż składniki się połączą.
f) Dodać kawałki czekolady i posiekane batony Snickers.
g) Weź około 2 łyżek ciasta i spłaszcz je w dłoni. Połóż mały kawałek batonika Snickers na środku i zawiń wokół niego ciasto, tworząc kulkę.
h) Ułóż kulki ciasta na przygotowanej blasze do pieczenia, zachowując odstępy.
i) Piec przez 10-12 minut lub do złotego koloru na brzegach.
j) Pozostaw ciasteczka na blasze do ostygnięcia na kilka minut, a następnie przełóż je na metalową kratkę, aby całkowicie ostygły.

# BROWNIE

## 54. Bananowe krówki z orzechami włoskimi

**SKŁADNIKI:**
- 1 szklanka niesolonego masła
- 2 szklanki granulowanego cukru
- 4 duże jajka
- 1 łyżeczka ekstraktu waniliowego
- 1 Mąkę o wszechstronnym przeznaczeniu
- ½ szklanki niesłodzonego kakao w proszku
- ¼ łyżeczki soli
- 1 szklanka puree z dojrzałych bananów (około 2 średnich bananów)
- 1 szklanka posiekanych orzechów włoskich
- 1 szklanka półsłodkich kawałków czekolady

**INSTRUKCJE:**

a) Rozgrzej piekarnik do 350°F i nasmaruj naczynie do pieczenia o wymiarach 9 x 13 cali.

b) W misce nadającej się do kuchenki mikrofalowej rozpuść masło. Dodaj cukier i mieszaj, aż składniki dobrze się połączą.

c) Ubijaj jajka i ekstrakt waniliowy, aż mieszanina będzie gładka.

d) W osobnej misce wymieszaj mąkę, kakao i sól. Stopniowo dodawaj suchą mieszaninę do mokrej mieszaniny, mieszając, aż składniki się połączą.

e) Dodaj rozgniecione banany, posiekane orzechy włoskie i kawałki czekolady.

f) Ciasto wlać do przygotowanej formy do pieczenia i równomiernie rozprowadzić.

g) Piec około 25-30 minut lub do momentu, aż po wbitej w środek wykałaczce wyjdzie kilka wilgotnych okruszków.

h) Zanim pokroisz ciasteczka na kwadraty, poczekaj, aż ciasteczka całkowicie ostygną.

## 55.Gorzkie Krówki Brownie

**SKŁADNIKI:**
- 1 szklanka niesolonego masła
- 8 uncji posiekanej gorzkiej czekolady
- 1 ¾ szklanki granulowanego cukru
- 4 duże jajka
- 2 łyżeczki ekstraktu waniliowego
- 1 Mąkę o wszechstronnym przeznaczeniu
- ¼ szklanki niesłodzonego kakao w proszku
- ¼ łyżeczki soli
- 1 szklanka półsłodkich kawałków czekolady

**INSTRUKCJE:**

a) Rozgrzej piekarnik do 350°F i nasmaruj naczynie do pieczenia o wymiarach 9 x 13 cali.

b) W misce przeznaczonej do kuchenki mikrofalowej rozpuść masło i gorzką czekoladę, mieszając, aż masa będzie gładka.

c) Mieszaj cukier, aż dobrze się połączy.

d) Ubijaj jajka, jedno po drugim, aż mieszanina będzie gładka. Wymieszaj ekstrakt waniliowy.

e) W osobnej misce wymieszaj mąkę, kakao i sól. Stopniowo dodawaj suchą mieszaninę do mokrej mieszaniny, mieszając, aż składniki się połączą.

f) Dodać półsłodkie kawałki czekolady.

g) Ciasto wlać do przygotowanej formy do pieczenia i równomiernie rozprowadzić.

h) Piec około 25-30 minut lub do momentu, aż po wbitej w środek wykałaczce wyjdzie kilka wilgotnych okruszków.

i) Zanim pokroisz ciasteczka na kwadraty, poczekaj, aż ciasteczka całkowicie ostygną.

# 56. Krówki Brownie z Solonym Karmelem

**SKŁADNIKI:**
- 1 szklanka niesolonego masła
- 2 szklanki granulowanego cukru
- 4 duże jajka
- 1 łyżeczka ekstraktu waniliowego
- ¾ szklanki kakao w proszku
- 1 Mąkę o wszechstronnym przeznaczeniu
- ½ łyżeczki soli
- ½ szklanki sosu karmelowego
- Sól morska do posypania

**INSTRUKCJE:**
a) Rozgrzej piekarnik do 350°F i nasmaruj naczynie do pieczenia.
b) W misce nadającej się do kuchenki mikrofalowej rozpuść masło.
c) W misce miksującej wymieszaj roztopione masło i granulowany cukier, aż dobrze się wymieszają.
d) Wbijaj po jednym jajku, następnie dodaj ekstrakt waniliowy.
e) W osobnej misce wymieszaj kakao, mąkę i sól.
f) Stopniowo dodawaj suche składniki do mokrej mieszanki, mieszając, aż się połączą.
g) Do przygotowanej formy do pieczenia wlać połowę ciasta brownie i równomiernie je rozsmarować.
h) Ciasto skrop połową sosu karmelowego.
i) Na wierzch wyłóż resztę ciasta brownie i równomiernie je rozprowadź, a następnie skrop pozostałym sosem karmelowym.
j) Za pomocą noża wmieszaj sos karmelowy w ciasto, aby uzyskać marmurkowy efekt.
k) Posyp solą morską na wierzchu.
l) Piec 25-30 minut lub do momentu, aż po wbitej w środek wykałaczce wyjdzie kilka wilgotnych okruszków.
m) Zanim pokroisz ciasteczka na kwadraty, poczekaj, aż ciasteczka całkowicie ostygną.

# 57. Czekoladowe ciasteczka z orzechami włoskimi

**SKŁADNIKI:**

- 1 szklanka niesolonego masła
- 2 szklanki granulowanego cukru
- 4 duże jajka
- 1 łyżeczka ekstraktu waniliowego
- 1 Mąkę o wszechstronnym przeznaczeniu
- ¾ szklanki kakao w proszku
- ½ łyżeczki soli
- 1 szklanka posiekanych orzechów włoskich

**INSTRUKCJE:**

a) Rozgrzej piekarnik do 350°F i nasmaruj naczynie do pieczenia.
b) W misce nadającej się do kuchenki mikrofalowej rozpuść masło.
c) W misce miksującej wymieszaj roztopione masło i granulowany cukier, aż dobrze się wymieszają.
d) Wbijaj po jednym jajku, następnie dodaj ekstrakt waniliowy.
e) W osobnej misce wymieszaj mąkę, kakao i sól.
f) Stopniowo dodawaj suche składniki do mokrej mieszanki, mieszając, aż się połączą.
g) Dołóż posiekane orzechy włoskie.
h) Do przygotowanej formy do pieczenia wlać ciasto brownie i równomiernie je rozprowadzić.
i) Piec 25-30 minut lub do momentu, aż po wbitej w środek wykałaczce wyjdzie kilka wilgotnych okruszków.
j) Zanim pokroisz ciasteczka na kwadraty, poczekaj, aż ciasteczka całkowicie ostygną.

## 58. Brownie z malinami

**SKŁADNIKI:**
- 1 szklanka niesolonego masła
- 2 szklanki granulowanego cukru
- 4 duże jajka
- 1 łyżeczka ekstraktu waniliowego
- ¾ szklanki kakao w proszku
- 1 Mąkę o wszechstronnym przeznaczeniu
- ½ łyżeczki soli
- ½ szklanki świeżych malin

**INSTRUKCJE:**
a) Rozgrzej piekarnik do 350°F i nasmaruj naczynie do pieczenia.
b) W misce nadającej się do kuchenki mikrofalowej rozpuść masło.
c) W misce miksującej wymieszaj roztopione masło i granulowany cukier, aż dobrze się wymieszają.
d) Wbijaj po jednym jajku, następnie dodaj ekstrakt waniliowy.
e) W osobnej misce wymieszaj kakao, mąkę i sól.
f) Stopniowo dodawaj suche składniki do mokrej mieszanki, mieszając, aż się połączą.
g) Delikatnie dodaj świeże maliny.
h) Do przygotowanej formy do pieczenia wlać ciasto brownie i równomiernie je rozprowadzić.
i) Piec 25-30 minut lub do momentu, aż po wbitej w środek wykałaczce wyjdzie kilka wilgotnych okruszków.
j) Zanim pokroisz ciasteczka na kwadraty, poczekaj, aż ciasteczka całkowicie ostygną.

## 59. Ciasteczka krówkowe espresso

**SKŁADNIKI:**

- 1 szklanka niesolonego masła
- 2 szklanki granulowanego cukru
- 4 duże jajka
- 1 łyżeczka ekstraktu waniliowego
- ¾ szklanki kakao w proszku
- 1 Mąkę o wszechstronnym przeznaczeniu
- ½ łyżeczki soli
- 2 łyżki rozpuszczalnego espresso w proszku

**INSTRUKCJE:**

a) Rozgrzej piekarnik do 350°F i nasmaruj naczynie do pieczenia.
b) W misce nadającej się do kuchenki mikrofalowej rozpuść masło.
c) W misce miksującej wymieszaj roztopione masło i granulowany cukier, aż dobrze się wymieszają.
d) Wbijaj po jednym jajku, następnie dodaj ekstrakt waniliowy.
e) W osobnej misce wymieszaj kakao w proszku, mąkę, sól i espresso w proszku.
f) Stopniowo dodawaj suche składniki do mokrej mieszanki, mieszając, aż się połączą.
g) Do przygotowanej formy do pieczenia wlać ciasto brownie i równomiernie je rozprowadzić.
h) Piec 25-30 minut lub do momentu, aż po wbitej w środek wykałaczce wyjdzie kilka wilgotnych okruszków.
i) Zanim pokroisz ciasteczka na kwadraty, poczekaj, aż ciasteczka całkowicie ostygną.

# 60. Brownie z czerwonej aksamitnej krówki

**SKŁADNIKI:**
- 1 szklanka niesolonego masła, roztopionego
- 2 szklanki granulowanego cukru
- 4 duże jajka
- 2 łyżeczki ekstraktu waniliowego
- 2 łyżki czerwonego barwnika spożywczego
- 1 ½ szklanki mąki uniwersalnej
- ¼ szklanki niesłodzonego kakao w proszku
- ¼ łyżeczki soli
- 1 szklanka półsłodkich kawałków czekolady
- ½ szklanki posiekanych orzechów włoskich lub pekan (opcjonalnie)

**WIR SEROWY KREMOWY:**
- 8 uncji serka śmietankowego, zmiękczonego
- ¼ szklanki granulowanego cukru
- 1 duże jajko
- ½ łyżeczki ekstraktu waniliowego

**INSTRUKCJE:**

a) Rozgrzej piekarnik do 350°F i nasmaruj naczynie do pieczenia o wymiarach 9 x 13 cali.
b) W dużej misce wymieszaj roztopione masło i granulowany cukier i mieszaj, aż dobrze się połączą.
c) Dodawać po jednym jajku, dobrze miksując po każdym dodaniu. Następnie wymieszaj ekstrakt waniliowy i czerwony barwnik spożywczy, aż składniki zostaną równomiernie połączone.
d) W osobnej misce wymieszaj mąkę, kakao i sól. Stopniowo dodawaj suche składniki do mokrych, miksuj tylko do połączenia. Uważaj, aby nie przemieszać.
e) Do ciasta dodaj kawałki czekolady i posiekane orzechy (jeśli używasz).
f) W małej misce przygotuj wir serka śmietankowego, ubijając miękki serek śmietankowy, cukier granulowany, jajko i ekstrakt waniliowy na gładką masę.
g) Wlać około dwóch trzecich ciasta brownie do natłuszczonej formy do pieczenia i równomiernie je rozprowadzić.
h) Nałóż łyżką masę serową na ciasto brownie. Za pomocą noża lub wykałaczki delikatnie wmieszaj serek śmietankowy w ciasto.
i) Wlać pozostałe ciasto brownie na wir serka śmietankowego i równomiernie rozprowadzić, aby przykryć.
j) Piec w nagrzanym piekarniku przez około 30-35 minut lub do momentu, aż po wbitej w środek wykałaczce wyjdzie kilka wilgotnych okruszków. Unikaj nadmiernego pieczenia, aby ciasteczka były puszyste.
k) Wyjmij brownie z piekarnika i pozostaw je do całkowitego ostygnięcia w naczyniu do pieczenia.
l) Po ostygnięciu pokroić w kwadraty i podawać.

# KANAPKI Z BAJGIELEM

# 61.Awokado Bajgiel Kanapka

## SKŁADNIKI:

- Ser topiony
- ¼ szklanki kremu kokosowego
- 2 łyżki soku z cytryny
- 1 szklanka namoczonych surowych orzechów nerkowca
- 1 łyżeczka proszku cebulowego
- 2 łyżeczki białego octu
- 3 szalotki, posiekane
- ¼ łyżeczki soli
- Bajgiel
- 1 bajgiel roślinny
- ⅓ awokado, obrane, wypestkowane i rozgniecione
- ⅓ średniego ogórka obranego i pokrojonego w plasterki
- 2 łyżki bezmlecznego serka śmietankowego z cebulką
- ¼ szklanki surowego szpinaku

## INSTRUKCJE:

a) Jeśli nie namoczyłeś nerkowców od razu, namocz je natychmiast, wkładając je do garnka z wrzącą wodą, wyłącz ogień i mocz przez 30 minut.
b) Nerkowce dokładnie umyć i odsączyć.
c) W robocie kuchennym wymieszaj orzechy nerkowca, śmietankę kokosową, biały ocet, sok z cytryny, sól, cebulę w proszku i szalotkę.
d) Przetwarzaj przez co najmniej 30 sekund i mieszaj mieszaninę przez 1 do 3 minut lub do momentu, aż będzie gładka.
e) Obsmaż bajgiel i posmaruj z obu stron serkiem śmietankowym bezmlecznym.
f) Po jednej stronie ułóż warstwami ogórki, a następnie połóż puree z awokado.
g) Połóż szpinak na awokado, a następnie drugą połowę bajgla.

# 62.Kanapka z bajglem wędzonym indykiem

**SKŁADNIKI:**
- 2 plastry wędzonej piersi z indyka
- 2 plasterki pomidorów lub krążków zielonej papryki
- 1 plasterek sera Cheddar
- 1 smakowy bajgiel
- Papier woskowany cięty

**INSTRUKCJE:**

a) Na dolnej połowie bajgla ułóż pierś z indyka, pomidor lub zieloną paprykę i ser.

b) Połóż wierzch na bajglu i przekrój kanapkę na pół.

c) Połóż połówki kanapek na środku arkusza woskowanego papieru.

d) Aby owinąć, połącz przeciwne strony papieru woskowanego i złóż je w ciasne fałdy. Złóż końce papieru woskowanego pod kanapkę.

e) Aby podgrzać, ustaw mikrofalę na WYSOKI, aż kanapka będzie gorąca, od 30 sekund do 1 minuty.

# 63. Śniadanie Bajgiel z pikantnymi mikrogreenami

**SKŁADNIKI:**
- Jeden świeży Bajgiel
- A rozpowszechnianie się z mikrozielona pesto
- A kilka garmażeria plasterki z indyk, szynka, kurczak
- A garść pikantnej mieszanki mikrogreenów
- A para z plasterki z ser
- A kilka sztuki z Sałata

**INNY DODATKI:**
- Awokado
- Czerwony Cebula
- Pomidor

**INSTRUKCJE:**

a) Dostawać twój bajgiel na zewnątrz, plasterek To W połowa, I toast To. Pozwalać To Fajny w dół.

b) Dostawać na zewnątrz twój rozpowszechnianie się z wybór I miejsce To NA Zarówno boki z the bajgiel.

c) Umieścić twój wegańskie garmażeria mięso NA the spód.

d) Warstwa Niektóre mikrogreeny.

e) Balansować twój wegańskie ser NA szczyt z Ten.

f) Następny pochodzi Jak dużo sałata Jak powaga pozwala.

g) Następnie czapka To wyłączony z the szczyt z the bajgiel I Cieszyć się!

## 64. Szybka kanapka z omletem z bajgla

**SKŁADNIKI:**
- ¼ szklanki drobno posiekanej cebuli
- 1 łyżka masła
- 4 jajka
- ¼ szklanki posiekanego pomidora
- ⅛ łyżeczki soli
- ⅛ łyżeczki ostrego sosu paprykowego
- 4 plastry bekonu kanadyjskiego Jones
- 4 zwykłe bułeczki, podzielone
- 4 plastry topionego sera amerykańskiego

**INSTRUKCJE:**

a) Cebulę podsmaż na dużej patelni z masłem, aż będzie miękka. Zmiksuj sos pieprzowy, sól, pomidor i jajka. Przenieś masę jajeczną na patelnię. (Mieszanka powinna natychmiast zastygnąć na brzegach.)

b) Gdy jajka się zetną, pozwól, aby surowa porcja wypłynęła pod spód, przesuwając ugotowane krawędzie w kierunku środka. Gotuj, aż jajka się zetną. W międzyczasie podgrzej boczek w mikrofalówce i, jeśli chcesz, opiekaj bułeczki.

c) Połóż ser na spodzie bajgla. Omlet pokroić na ćwiartki.

d) Podawać z boczkiem na bajglach.

# 65. Wędzony łosoś mini-bajgiel bar

**SKŁADNIKI:**
- ¼ szklanki ⅓ mniej tłustego serka śmietankowego, w temperaturze pokojowej
- 1 zielona cebula, pokrojona w cienkie plasterki
- 1 łyżka posiekanego świeżego koperku
- 1 łyżeczka startej skórki z cytryny
- ¼ łyżeczki czosnku w proszku
- 4 mini bułeczki pełnoziarniste
- 8 uncji wędzonego łososia
- ½ szklanki cienko pokrojonego ogórka angielskiego
- ½ szklanki pokrojonej w cienkie plasterki czerwonej cebuli
- 2 pomidory śliwkowe, pokrojone w cienkie plasterki
- 4 łyżeczki kaparów, odsączonych i opłukanych

**INSTRUKCJE:**

a) W małej misce połącz serek śmietankowy, zieloną cebulę, koper, skórkę z cytryny i proszek czosnkowy.

b) Umieść mieszaninę serów, bułeczki, łososia, ogórka, cebulę, pomidory i kapary w pojemnikach do przygotowywania posiłków i, jeśli to konieczne, dodaj ćwiartki cytryny. Można je przechowywać w lodówce do 2 dni.

# 66.Czarny Las Bajgiel

**SKŁADNIKI:**
- 1 wszystko, bajgiel
- 2 łyżki serka śmietankowego
- ½ szklanki wypestkowanych i posiekanych ciemnych wiśni
- ¼ szklanki mini chipsów czekoladowych

**INSTRUKCJE:**
a) Całość podsmaż bajgiel według własnych upodobań.
b) Na bajgiel posmaruj serkiem śmietankowym, posyp posiekanymi wiśniami i kawałkami mini czekolady.

## 67.Bajgiel z krewetkami

**SKŁADNIKI:**

- 2 Zielone cebule
- 4 uncje Puszka małych krewetek
- ¼ szklanki kwaśnej śmietany
- 2 łyżeczki soku z cytryny
- ¼ łyżeczki sosu Worcestershire
- ¾ szklanki posiekanego cheddara
- 10 mini bajgli, dzielonych i opiekanych

**INSTRUKCJE:**

a) Cebulę pokroić w plasterki, zachowując pokrojone w plasterki zielone wierzchołki. Połącz krewetki, kwaśną śmietanę, plasterki białej cebuli, sok z cytryny, Worcestershire i ½ c. ser.

b) Rozłóż zaokrągloną łyżeczkę mieszanki krewetek na przeciętej stronie każdego bajgla.

c) Posypać na wierzch pozostałym serem. Ułóż bajgle na lekko natłuszczonej blasze do pieczenia. Piec bez przykrycia w piekarniku nagrzanym na 400 stopni przez 5–10 minut lub do momentu, aż się rozgrzeje. Posyp zieloną cebulą.

# 68. Puszyste mięso kraba i jajka na bajglach

**SKŁADNIKI:**
- Nieprzywierający spray do gotowania
- ½ łyżeczki masła
- 2 ½ łyżki posiekanej zielonej cebuli
- 1 łyżka posiekanej zielonej papryki
- 1 ½ łyżki mielonych pomidorów
- 1 puszka mięsa kraba (6 uncji), odsączona
- 1 bajgiel
- 1 Białko jaja
- ½ szklanki beztłuszczowego substytutu jajek (co odpowiada 2 jajom)
- Sól i pieprz

**INSTRUKCJE:**

a) Spryskaj małą patelnię nieprzywierającym sprayem kuchennym. Dodać masło i rozpuścić na średnim ogniu.

b) Dodaj 2 łyżki zielonej cebuli, papryki i 1 łyżkę pomidora, następnie smaż do miękkości, 2 do 3 minut.

c) Dodaj mięso kraba i smaż, aż się rozgrzeje, około 1 minuty. Przekrój bajgiel na pół i zacznij go opiekać.

d) Białka ubić na sztywną, ale nie suchą masę. Złóż substytut jajka do ubitego białka, tylko do połączenia.

e) Lekko dopraw solą i pieprzem do smaku. Wlać mieszaninę jajek na mieszaninę krabów na patelni.

f) Gotujemy i mieszamy jak jajecznicę, delikatnie mieszając, aż jajko się zetnie.

g) Wyjmij bajgiel z tostera i połóż jajka na połówkach bajgla.

h) Posyp pozostałą ½ łyżeczki posiekanego pomidora i zieloną cebulą dla dekoracji.

# 69. Bajgiel z awokado i bekonem

**SKŁADNIKI:**

- 1 zwykły bajgiel
- 2 plasterki boczku, ugotowane i posiekane
- 1 awokado, puree
- ¼ szklanki posiekanej świeżej kolendry
- 1 łyżka soku z limonki
- Sól i pieprz do smaku

**INSTRUKCJE:**

a) Rozgrzej piekarnik do 175°C (350°F).

b) Bajgiel przekrawamy na pół i wydrążamy środek każdej połówki, zostawiając gruby brzeg na brzegach.

c) W małej misce wymieszaj puree z awokado, posiekaną kolendrę, sok z limonki, sól i pieprz, aż dobrze się połączą.

d) Rozłóż równomiernie masę awokado w wydrążonych połówkach bajgla.

e) Posyp pokrojonym boczkiem na wierzch awokado.

f) Połóż nadziewane połówki bajgla na blasze do pieczenia i piecz w nagrzanym piekarniku przez 10-12 minut lub do momentu, aż się zarumieni.

# MIESZANKI ORZECHÓW I NASION

## 70.Mieszanka Furikake Chex

**SKŁADNIKI:**
- 1 pudełko Pszenica Chex
- 1 opakowanie kukurydzy Chex
- 1 opakowanie płatków śniadaniowych o strukturze plastra miodu
- 1 torebka (dowolnego rozmiaru) Fritos
- 1 worek (dowolny rozmiar) Bugles
- 1 torebka (dowolny rozmiar i kształt) precli
- 1 szklanka masła
- ½ szklanki syropu Karo (lub miodu)
- ⅔ szklanki cukru
- ⅔ szklanki oleju roślinnego
- 2 łyżki sosu sojowego
- 1 butelka Nori Goma Furikake

**INSTRUKCJE:**
a) Rozgrzej piekarnik do 250F.
b) Na dwóch dużych patelniach rozłóż równomiernie pszenne (lub ryżowe) Chex, kukurydziane Chex, płatki śniadaniowe o strukturze plastra miodu, Bugles, Fritos i precle, równomiernie pomiędzy dwiema patelniami. Odłożyć na bok.
c) Teraz zrób syrop. Rozpuść masło w rondlu. Po rozpuszczeniu dodać syrop Karo (lub miód), cukier, olej roślinny i sos sojowy. Mieszaj, aby wymieszać.
d) Wlać syrop na dwie patelnie z mieszanką Chex, pamiętając o równo rozdzieleniu syropu pomiędzy dwie patelnie. Używając dwóch dużych łyżek/szpatułek, wymieszaj mieszankę Chex, aż wszystkie kawałki zostaną równomiernie pokryte syropem.
e) Następnie wlej całą butelkę Nori Goma Furikake, rozdzieloną pomiędzy dwie patelnie. Mieszaj, aż furikake będzie równomiernie wymieszane.
f) Piec w temperaturze 250 F przez 1 godzinę. Wyjmuj patelnię co 15 minut, aby przemieszać/wymieszać, aby upewnić się, że gotuje się równomiernie.
g) Wyjąć z piekarnika, ostudzić. Następnie podziel je na torby/pojemniki i podziel się.

## 71.Różowa cytrynowa mieszanka Chex

**SKŁADNIKI:**
- 9 filiżanek ryżu Chex
- 1 ½ szklanki kawałków białej czekolady
- ¼ szklanki niesolonego masła
- 4 łyżeczki skórki cytrynowej
- 2 łyżki soku z cytryny
- 2 krople różowego barwnika spożywczego
- 2 szklanki cukru pudru

**INSTRUKCJE:**
a) Wsyp płatki do dużej miski i odłóż na bok.
b) W pojemniku nadającym się do kuchenki mikrofalowej dodaj kawałki białej czekolady, masło, skórkę z cytryny, barwnik spożywczy i sok z cytryny.
c) Rozpuść w kuchence mikrofalowej przez minutę, a następnie zamieszaj.
d) Kontynuuj topienie przez dodatkowe 30 sekund, aż po wymieszaniu masa będzie całkowicie gładka.
e) Wlać roztopioną mieszaninę na płatki i delikatnie mieszać, aż płatki zostaną równomiernie pokryte.
f) Przenieś płatki do galonowej torebki Ziploc.
g) Dodaj cukier puder i potrząśnij, potrząśnij, potrząśnij swoim pieniądzem.

## 72. Mieszanka do grillowania

## SKŁADNIKI:

- ½ szklanki ziaren kukurydzy
- 1 szklanka Cheerios
- 1 szklanka rozdrobnionej pszenicy wielkości łyżki
- 1 szklanka Corn Chex lub otrębów kukurydzianych
- 1 szklanka precli
- ½ szklanki suszonych, grillowanych orzeszków ziemnych
- ½ szklanki nasion słonecznika
- 1 łyżka masła lub margaryny
- 1 łyżeczka mielonego chili
- 1 łyżeczka papryki
- 1 łyżeczka mielonego oregano
- 1 szklanka paluszków sezamowych
- 1 łyżka sosu Worcestershire
- 1 łyżeczka sosu Tabasco

## INSTRUKCJE:

a) Rozgrzej grill do 350 stopni.
b) W dużej misce wymieszaj płatki zbożowe, precle, migdały i nasiona.
c) W małym naczyniu połącz masło, Worcestershire, chili w proszku, oregano, paprykę i Tabasco.
d) Dokładnie wymieszaj sos z mieszanką zbożową.
e) Rozłóż na patelni grillowej i smaż przez 15 minut, dwukrotnie mieszając. Ostudzić.
f) Połącz z ziarnami kukurydzy i paluszkami sezamu i podawaj.

## 73. Mieszanka imprezowa Red Velvet

**SKŁADNIKI:**

- 6 filiżanek płatków czekoladowych
- ½ szklanki brązowego cukru pudru
- ⅓ szklanki masła
- 3 łyżki syropu kukurydzianego
- 1 kropla czerwonego barwnika spożywczego w żelu
- 1 szklanka mieszanki ciastek spożywczych
- ½ szklanki kremowego serka śmietankowego

**INSTRUKCJE:**

e) W dużej misce, którą można podgrzewać w kuchence mikrofalowej, umieść płatki; odłożyć na bok.

f) W średniej misce do gotowania w kuchence mikrofalowej brązowy cukier, masło, syrop kukurydziany, barwnik spożywczy i ciasto odkryte na poziomie Wysokim.

g) Natychmiast polej płatki zbożowe; rzucać, aż dobrze się pokryje.

h) Rozsmarować na woskowanym papierze. Schłodzić przez 5 minut.

i) W małej misce, którą można podgrzewać w kuchence mikrofalowej, umieść lukier; w kuchence mikrofalowej odkrytej na poziomie Wysokim na 20 sekund.

j) Skropić mieszanką zbożową. Przechowywać luźno przykryte.

## 74. Mieszanka azjatyckich imprez fusion

**SKŁADNIKI:**
- 6 szklanek prażonego popcornu
- 2 szklanki chrupiących płatków śniadaniowych z ryżem Konjac wielkości kęsa
- 1 szklanka niesolonych prażonych orzechów nerkowca lub orzeszków ziemnych
- 1 szklanka małych precli
- 1 szklanka groszku wasabi
- 1/4 szklanki wegańskiej margaryny
- 1 łyżka sosu sojowego
- 1/2 łyżeczki soli czosnkowej
- 1/2 łyżeczki soli sezonowanej

**INSTRUKCJE:**
a) Rozgrzej piekarnik do 250°F. W blasze do pieczenia o wymiarach 9 x 13 cali połącz popcorn, płatki zbożowe, orzechy nerkowca, precle i groszek.

b) W małym rondlu wymieszaj margarynę, sos sojowy, sól czosnkową i sól przyprawioną. Gotuj, mieszając, na średnim ogniu, aż margaryna się rozpuści, około 2 minut. Wlać mieszaninę popcornu, dobrze wymieszać. Piec 45 minut, od czasu do czasu mieszając. Całkowicie ostudzić przed podaniem.

# 75.Błotnięci kumple Chexa

**SKŁADNIKI:**

- 9 filiżanek płatków marki Chex
- 1 filiżanka Półsłodkie chipsy czekoladowe
- ½ szklanki masła orzechowego REESE'S
- ¼ szklanki margaryny lub masła
- 1 łyżeczka ekstraktu waniliowego
- 1 ½ szklanki cukru pudru

**INSTRUKCJE:**

a) Wlać płatki do dużej miski; odłożyć na bok.
b) W 1-litrowej misce, którą można używać w kuchence mikrofalowej, wymieszaj chipsy czekoladowe HERSHEY'S, masło orzechowe REESE'S i margarynę. Kuchenkę mikrofalową ustawioną na WYSOKI przez 1 do 1,5 minuty lub do uzyskania gładkości, mieszając po 1 minucie
c) Wymieszać z wanilią.
d) Wlać mieszaninę czekolady na płatki, mieszając, aż wszystkie kawałki zostaną równomiernie pokryte.
e) Wlać mieszaninę płatków do dużej zamykanej plastikowej torby GLAD-LOCK z cukrem pudrem C&H.
f) Dokładnie zamknij i potrząsaj, aż wszystkie kawałki zostaną dobrze pokryte.
g) Rozsmarować na woskowanym papierze do ostygnięcia.

## 76. Karma dla szczeniąt Red Velvet

**SKŁADNIKI:**
- 15,25 uncji mieszanki ciasta z czerwonego aksamitu
- 1 szklanka cukru pudru
- 12 uncji białej czekolady
- 8 uncji półsłodkiej czekolady
- 2 łyżki gęstej śmietanki, temperatura pokojowa
- 12 uncji płatków Chex
- 10 uncji M&M'sów
- ⅛ Posypka w kolorze filiżanki

**INSTRUKCJE:**
a) Rozgrzej piekarnik do 350°F.
b) Na blasze wyłożonej papierem do pieczenia rozsmaruj mieszankę ciasta z czerwonego aksamitu.
c) Piec w piekarniku przez 5-8 minut.
Wyjąć z piekarnika i pozostawić do ostygnięcia.
d) Dodaj mieszankę ciasta i cukier puder do zamykanej torebki i wstrząśnij, aby dobrze wymieszać. Odłóż na bok.
e) W misce rozdrobnij czekoladę, a następnie podgrzewaj w kuchence mikrofalowej w odstępach 30-sekundowych, mieszając w międzyczasie, aż czekolada całkowicie się rozpuści.
f) Wymieszaj śmietanę.
g) Do innej dużej miski dodaj płatki Chex i posyp czekoladą.
h) Ostrożnie wymieszaj płatki zbożowe z czekoladą, aż pokryją się równomiernie, a następnie, pracując partiami, dodaj płatki zbożowe w czekoladzie do torebki z mieszanką ciasta i cukrem i wstrząśnij, aż całkowicie się pokryją.
i) Wyjmij kawałki płatków zbożowych na blachę wyłożoną papierem do pieczenia.
j) Powtórz tę czynność z pozostałymi płatkami, a następnie pozostaw kawałki do wyschnięcia na około godzinę.
k) Wymieszaj z M&Msami i posypką, przełóż do miski i podawaj.

## 77.Pikantna mieszanka na imprezę BBQ

**SKŁADNIKI:**
- 3 szklanki płatków kukurydzianych Chex
- 3 szklanki płatków ryżowych Chex
- 1 szklanka paluszków precli
- 1 szklanka orzeszków ziemnych prażonych w miodzie
- 2 łyżki sosu Worcestershire
- 2 łyżki ostrego sosu
- 1 łyżka wędzonej papryki
- 1 łyżka czosnku w proszku
- 1 łyżka proszku cebulowego
- ½ szklanki sosu BBQ

**INSTRUKCJE:**
a) Rozgrzej piekarnik do 250°F (120°C).
b) W dużej misce wymieszaj płatki, precle i orzeszki ziemne.
c) W osobnej misce wymieszaj sos Worcestershire, ostry sos, wędzoną paprykę, czosnek w proszku, cebulę w proszku i sos BBQ.
d) Wlać mieszaninę sosu na mieszankę płatków i mieszać, aż wszystko będzie równomiernie pokryte.
e) Rozłóż mieszaninę na blasze do pieczenia i piecz przez 1 godzinę, mieszając co 15 minut.
f) Ostudź przed podaniem.

# PĄCZKI

# 78.Tira Misu

**SKŁADNIKI:**
**DO PĄCZKÓW DROŻDŻOWYCH**
- ½ szklanki ciepłej wody
- 2 i ¼ łyżeczki aktywnych suchych drożdży
- ½ szklanki ciepłej maślanki
- 1 duże jajko, ubite
- ¼ szklanki roztopionego masła
- ¼ szklanki) cukru
- ½ łyżeczki soli
- 3 szklanki mąki uniwersalnej plus dodatkowa ilość do wyrabiania ciasta

**DO NADZIENIA KREMU KAWOWEGO**
- ¾ szklanki śmietanki do ubijania, zimnej
- ½ szklanki cukru pudru
- 1 łyżeczka wanilii
- ¾ szklanki serka mascarpone
- 2 łyżki zaparzonej kawy, zimnej

**DO POWŁOKI Z BIAŁEJ CZEKOLADY**
- 150 gramów białej czekolady
- 4 łyżki śmietanki do ubijania
- kakao w proszku do posypania wierzchu pączków

**INSTRUKCJE:**

a) Do miski miksującej dodać ciepłą wodę. Posypać drożdżami i około 1 łyżeczką cukru. Pozostaw tę mieszaninę na 5-7 minut lub do momentu, aż zacznie się pienić. Dodać maślankę, jajko, roztopione masło, pozostały cukier i sól. Mieszaj wszystko drewnianą łyżką, aż wszystko się połączy.

b) Dodaj 3 szklanki mąki, po jednej filiżance na raz i mieszaj, aż mieszanina zacznie tworzyć kudłatą masę. Kontynuuj mieszanie, aż na środku powstanie luźne ciasto.

c) Oprósz czystą powierzchnię roboczą mąką. Obróć ciasto i ugniataj, aż będzie gładkie i elastyczne, posypując ręce i stolnicę podsypując mąką w razie potrzeby. Aby to sprawdzić, wyjmij na dłoń niewielką porcję ciasta i rozciągnij je palcami, tworząc kwadrat. Ciasto powinno utworzyć w środku półprzezroczysty film. Nazywa się to również testem szyby okiennej. Z zagniecionego ciasta uformuj kulę. Umieść go w misce i przykryj czystym ręcznikiem. Pozostawić do wyrośnięcia na 1 i ½ do 2 godzin lub do momentu podwojenia objętości. W międzyczasie wytnij 12-14 kawałków kwadratowego papieru pergaminowego o średnicy około 4-5 cali.

d) Po wyrośnięciu delikatnie spuścić powietrze z ciasta. Na lekko posypanej mąką powierzchni rozwałkuj jedną porcję ciasta na szorstki prostokąt o grubości ½ cala. Za pomocą foremki do ciastek o średnicy 3 cali wytnij z ciasta jak najwięcej kółek. Powtórzyć z drugą połową ciasta.

e) Każde uformowane ciasto ułóż na kwadratowym papierze pergaminowym i ułóż na dużej blasze do pieczenia. Luźno przykryj patelnię czystym ręcznikiem kuchennym i pozostaw do ponownego wyrośnięcia na 30-40 minut lub do momentu, aż będzie miękkie i puszyste.

f) Rozgrzej około 3-4 cali oleju rzepakowego na szerokiej patelni z grubym dnem. Gdy olej osiągnie temperaturę 350 F, obniżaj po 2-3 pączki na raz, ostrożnie uwalniając je z pergaminu i smaż na złoty kolor z każdej strony, łącznie około 1-3 minut. Pączki szybko się rumienią, więc uważnie je obserwuj. Odsącz smażone pączki na stojaku umieszczonym na blasze do pieczenia wyłożonej ręcznikiem papierowym. Przed napełnieniem poczekaj, aż całkowicie ostygną.

**PRZYGOTUJ NADZIENIE TIRAMISU**

g) W misie miksera stacjonarnego wymieszaj śmietankę, cukier puder i ekstrakt waniliowy. Ubij mieszaninę za pomocą końcówki do ubijania, aż masa będzie gęsta i puszysta. Dodajemy serek mascarpone i zimną kawę i miksujemy do połączenia.

h) Krem przełożyć do rękawa cukierniczego wyposażonego w nasadkę lub do prasy do ciastek z nasadką do napełniania.

i) Za pomocą palca lub końcówki do wyszywania ciasta zrób dziurę wzdłuż boku pączka. Palcami utwórz pustą przestrzeń wewnątrz pączka, wykonując zamaszyste ruchy w środku. Wciśnij do środka odrobinę kremu tiramisu, aż pączki powiększą się.

**ZROBIĆ LAKIERĘ Z BIAŁEJ CZEKOLADY**

j) Czekoladę pokroić na małe kawałki i umieścić w szerokiej, żaroodpornej misce. Wlej śmietankę do miski nadającej się do kuchenki mikrofalowej i podgrzewaj w kuchence mikrofalowej, aż boki zaczną bulgotać, około 15-30 sekund

# 79.Mini Pączki Z Ricottą Nadziewane Nutellą

**SKŁADNIKI:**

- Olej rzepakowy (do głębokiego smażenia)
- ¾ szklanki mąki uniwersalnej
- 2 łyżeczki proszku do pieczenia
- ¼ łyżeczki soli
- 1 szklanka sera ricotta
- 2 duże jajka
- 2 łyżki granulowanego cukru
- 2 łyżeczki ekstraktu waniliowego
- ½ szklanki Nutelli
- Cukier puder (opcjonalnie)

**INSTRUKCJE:**

a) W małej misce wymieszaj mąkę, proszek do pieczenia i sól; odłożyć na bok.
b) W dużej misce wymieszaj ser ricotta, jajka, cukier i wanilię. Dodaj suche składniki i mieszaj, aż dobrze się połączą.
c) Wlej olej rzepakowy do głębokiego garnka o grubym dnie i głębokości około 1,5 cala. Rozgrzej olej do temperatury około 370°F, używając termometru do głębokiego smażenia.
d) Delikatnie wrzucaj kulki ciasta wielkości łyżki stołowej na olej, upuszczając je płynnie, aby uzyskać jak najbardziej okrągłą kulkę. Smażyć 4-5 na raz, obracając od czasu do czasu, aż uzyska złoty kolor, 3-4 minuty. Za pomocą szczypiec przełóż pączki na papierowy ręcznik, aby je odsączyły. Powtarzaj aż do zużycia ciasta. Pozostaw pączki do ostygnięcia, aż będą łatwe w obsłudze.
e) Przełóż Nutellę do strzykawki lub rękawa cukierniczego z długą, spiczastą końcówką. Pomocne może być najpierw podgrzanie Nutelli w kuchence mikrofalowej przez około 30 sekund. Zrób małą dziurkę w pączkach, następnie włóż strzykawkę i napełnij Nutellą. Ilości będą się różnić, ale powinieneś dobrze wyczuć, ile Nutelli znajduje się w każdej z nich. Powtórz ze wszystkimi pączkami.
f) W razie potrzeby posyp cukrem pudrem i podawaj.

# 80.Pączki z serem Cheddar i Jalapeño

**SKŁADNIKI:**
- 2 filiżanki mąki uniwersalnej
- 1 łyżka proszku do pieczenia
- ½ łyżeczki soli
- ¼ szklanki niesolonego masła, roztopionego
- 1 szklanka mleka
- 2 duże jajka
- ½ szklanki startego sera Cheddar
- ¼ szklanki marynowanego jalapeño, posiekanego

**INSTRUKCJE:**
a) Rozgrzej piekarnik do 190°C i nasmaruj formę do pieczenia pączków sprayem do gotowania.
b) W misce wymieszaj mąkę, proszek do pieczenia i sól.
c) W osobnej misce wymieszaj roztopione masło, mleko i jajka.
d) Dodaj mokre składniki do suchych i mieszaj, aż dobrze się połączą.
e) Dodaj pokruszony ser cheddar i posiekane papryczki jalapeño.
f) Łyżką nałóż ciasto do przygotowanej formy na pączki, wypełniając każdą formę do około ¾ wysokości.
g) Piec przez 12-15 minut lub do momentu, aż pączki staną się złotobrązowe.
h) Wyjmij z piekarnika i pozostaw do ostygnięcia na 5 minut przed wyjęciem z formy.

## 81. Pączki Paleo z jabłkiem

## SKŁADNIKI:

- ½ łyżeczki cynamonu
- ½ łyżeczki sody oczyszczonej
- ⅛ łyżeczki soli morskiej
- 2 jajka
- kilka kropli płynu stewii
- ½ szklanki mąki kokosowej
- 2 łyżki oleju migdałowego
- ½ szklanki ciepłego cydru jabłkowego
- 2 łyżki roztopionego ghee – do panierowania

## CUKIER CYNAMONOWY

- ½ szklanki granulowanego cukru kokosowego
- 1 łyżka cynamonu

## INSTRUKCJE:

a) Rozgrzej maszynę do robienia pączków.
b) Połącz mąkę kokosową, sodę oczyszczoną, cynamon i sól.
c) W drugiej misce ubij jajka, olej i stewię.
d) Wymieszaj suche składniki z mokrymi i jabłkiem.
e) Włóż ciasto na pączki do maszyny do robienia pączków.
f) Gotuj przez 3 minuty.
g) Pączki posmaruj roztopionym ghee/masłem/olejem migdałowym.
h) Wymieszaj pączki z mieszanką cynamonu i cukru kokosowego.

## 82.Pączki z ciasta czekoladowego

**SKŁADNIKI:**
- 1 ½ szklanki mąki uniwersalnej
- ½ szklanki niesłodzonego kakao w proszku
- ½ łyżeczki proszku do pieczenia
- ½ łyżeczki sody oczyszczonej
- ¼ łyżeczki soli
- ½ szklanki granulowanego cukru
- ¼ szklanki oleju roślinnego
- 1 duże jajko
- 1 łyżeczka ekstraktu waniliowego
- ¾ szklanki maślanki
- 1 szklanka cukru pudru
- ¼ szklanki mleka
- ¼ szklanki niesłodzonego kakao w proszku

**INSTRUKCJE:**

a) Rozgrzej piekarnik do 375°F. Nasmaruj formę do pieczenia pączków nieprzywierającym sprayem do gotowania i odłóż na bok.

b) W dużej misce wymieszaj mąkę, kakao w proszku, proszek do pieczenia, sodę oczyszczoną, sól i cukier.

c) W osobnej misce wymieszaj olej, jajko i ekstrakt waniliowy. Stopniowo dodawaj maślankę, aż składniki dobrze się połączą.

d) Wlać mokre składniki do suchych i wymieszać tylko do połączenia.

e) Przełóż ciasto do rękawa cukierniczego i wyciśnij do przygotowanej formy na pączki, wypełniając każde wgłębienie do około ⅔ wysokości.

f) Piec przez 10-12 minut lub do momentu, gdy wykałaczka wbita w środek pączka będzie sucha.

g) W małej misce wymieszaj cukier puder, mleko i kakao w proszku, aż powstanie lukier. Ostudzone pączki zanurzaj w glazurze i pozostawiaj do wyschnięcia na drucianej kratce.

## 83. Pączki z twarogiem z marakui

**SKŁADNIKI:**
**DO TWARU Z MARAKUCJI**
- ½ szklanki granulowanego cukru
- 3 duże żółtka
- ¼ szklanki puree z marakui
- 2 łyżki (1 uncja płynu) świeżo wyciśniętego soku z cytryny
- ½ szklanki zimnego, niesolonego masła, pokrojonego w 1-calową kostkę

**NA PĄCZKI**
- ¾ szklanki (6 uncji płynu) pełnego mleka
- 2 duże jajka
- 2 duże żółtka
- 3 ½ szklanki mąki uniwersalnej
- 1 ¼ szklanki granulowanego cukru, podzielone
- 2 ¼ łyżeczki drożdży instant
- 1 łyżeczka soli koszernej
- 6 łyżek niesolonego masła, pokrojonego w kostkę
- olej roślinny do smażenia

**INSTRUKCJE:**
**DO TWARU Z MARAKUCJI**

a) W średnim garnku o grubym dnie wymieszaj ½ szklanki granulowanego cukru i 3 duże żółtka, aż dobrze się połączą i uzyskasz jednorodną bladożółtą mieszaninę. Wymieszaj ¼ szklanki marakui i 2 łyżki świeżego soku z cytryny, aż mieszanina się rozrzedzi, i umieść garnek na średnim ogniu. Gotuj, ciągle mieszając drewnianą łyżką (pamiętaj, aby użyć żaroodpornej gumowej szpatułki do zeskrobania boków patelni), aż mieszanina będzie wystarczająco gęsta, aby pokryć grzbiet łyżki, 8 do 10 minut i osiągnie 160 ( F) na termometrze z natychmiastowym odczytem.

b) Gdy mieszanina osiągnie 160 (F), zdejmij z ognia i wymieszaj z ½ szklanki pokrojonego w kostkę niesolonego masła, po kilka kostek na raz, dodając więcej dopiero, gdy poprzednie kostki zostaną całkowicie włączone. Po dodaniu całego masła użyj sita o drobnych oczkach, aby przecedzić twaróg do małej szklanej miski. Przykryj folią, dociskając ją bezpośrednio do powierzchni skrzepu, aby zapobiec tworzeniu się kożucha. Przechowywać w lodówce aż do ochłodzenia i zestalenia, co najmniej 2 do 3 godzin (ale najlepiej przez całą noc). Twaróg przechowujemy w zamkniętym szklanym słoju w lodówce do 2 tygodni.

Dla Pączków

c) Aby przygotować ciasto, zagotuj ¾ szklanki pełnego mleka na średnim ogniu w małym garnku. Uważnie obserwuj, czy mleko się nie zagotuje. Wlać mleko do miarki z płynem i pozostawić do ostygnięcia do temperatury pomiędzy 105 (F) a 110 (F). Gdy mleko ostygnie, dodaj do niego 2 duże jajka i 2 duże żółtka i delikatnie wymieszaj, aby składniki się połączyły.

d) W misce wolnostojącego miksera wyposażonego w przystawkę do łopatek wymieszaj 3 ½ szklanki mąki uniwersalnej, ¼ szklanki granulowanego cukru, 2 ¼ łyżeczki drożdży instant i jedną łyżeczkę soli koszernej. Dodaj mieszaninę mleka i mieszaj tylko do połączenia.

e) Przełącz na hak do wyrabiania ciasta i ugniataj ciasto na niskiej prędkości, około 3 minut. Ciasto będzie wyglądało na lepkie, ale to nie szkodzi. Dodaj 6 łyżek niesolonego masła, kostkę lub dwie na raz. Jeżeli masło nie jest wchłonięte, wyjmij miskę z miksera i ugniataj masło rękoma przez minutę, aż zacznie działać. Po prostu dodawaj i ugniataj, aż składniki dobrze się połączą.

f) Po dodaniu masła zwiększ prędkość miksera do średnich i wyrabiaj ciasto przez kolejne kilka minut, aż będzie gładkie i elastyczne. Przenieś ciasto do lekko natłuszczonej średniej miski, przykryj folią i wstaw do lodówki na co najmniej trzy godziny, a najlepiej na całą noc.

g) Gdy ciasto ostygnie, wyłóż papierem pergaminowym dwie blachy do pieczenia. Obficie spryskaj papier pergaminowy sprayem kuchennym.

h) Wyłóż zimne ciasto na lekko posypaną mąką powierzchnię roboczą i zwiń je w szorstki prostokąt o wymiarach 9 na 13 cali i grubości około ½ cala. Za pomocą foremki do ciastek o średnicy 3 ½ cala wytnij 12 krążków ciasta i ułóż je na przygotowanych arkuszach. Posyp delikatnie mąką wierzch każdego krążka ciasta i delikatnie przykryj folią spożywczą. Odstawić w ciepłe miejsce do wyrośnięcia, aż ciasto będzie puszyste i powoli odskoczy po delikatnym naciśnięciu, około godziny.

i) Kiedy będziesz już gotowy do smażenia pączków, wyłóż drucianą kratkę ręcznikami papierowymi. Do średniej miski włóż 1 szklankę granulowanego cukru. Dodaj olej roślinny do średniego garnka o grubym dnie, aż uzyskasz około dwóch cali oleju. Przymocuj termometr cukierniczy do boku garnka i podgrzej olej do 375 (F). Ostrożnie dodaj 1 do 2 pączków do oleju i smaż je na złoty kolor, około 1 do 2 minut z każdej strony. Łyżką cedzakową wyłowić pączki z oleju i przenieść je na przygotowaną kratkę. Po około 1 lub 2 minutach, gdy pączki ostygną na tyle, że można je wziąć do ręki, wrzuć je do miski z granulowanym cukrem, aż się pokryją. Powtórzyć z pozostałym ciastem.

**WYPEŁNIĆ**

j) Aby wypełnić pączki, końcówką do ciasta Bismarck (lub rączką drewnianej łyżki) zrób dziurę po jednej stronie każdego pączka, uważając, aby nie przebić go na drugą stronę.

k) Napełnij rękaw cukierniczy z małą okrągłą końcówką (lub końcówką Bismarck Donut, jeśli masz ochotę) twarogiem z marakui. Włóż czubek rękawa cukierniczego do otworu i delikatnie ściśnij, aby wypełnić każdy pączek.

l) Nadmiar twarogu podawaj z boku jako sos do maczania (świetnie pasuje również do gofrów!). Pączki są najlepsze w dniu zrobienia.

# 84.Pączki z jagodami

## SKŁADNIKI:
- 1 Mąkę o wszechstronnym przeznaczeniu
- ½ szklanki granulowanego cukru
- 1 ½ łyżeczki proszku do pieczenia
- ½ łyżeczki soli
- ½ łyżeczki mielonego cynamonu
- ¼ łyżeczki mielonej gałki muszkatołowej
- ⅓ szklanki maślanki
- ¼ szklanki oleju roślinnego
- 1 duże jajko
- ½ łyżeczki ekstraktu waniliowego
- ½ szklanki świeżych jagód

## INSTRUKCJE:
a) Rozgrzej piekarnik do 350°F (175°C). Nasmaruj formę do pieczenia pączków nieprzywierającym sprayem do gotowania i odłóż na bok.
b) W dużej misce wymieszaj mąkę, cukier, proszek do pieczenia, sól, cynamon i gałkę muszkatołową, aż dobrze się połączą.
c) W osobnej misce wymieszaj maślankę, olej roślinny, jajko i ekstrakt waniliowy, aż dobrze się połączą.
d) Wlać mokre składniki do suchych i wymieszać tylko do połączenia.
e) Delikatnie wmieszać jagody, tak aby równomiernie rozłożyły się w cieście.
f) Przełóż ciasto do rękawa cukierniczego i wyciśnij do przygotowanej formy na pączki, wypełniając każde wgłębienie do około ⅔ wysokości.
g) Piec przez 12-15 minut lub do momentu, aż wykałaczka wbita w środek pączka będzie sucha.
h) Wyjmij formę z piekarnika i pozostaw pączki do ostygnięcia na patelni przez 5 minut, a następnie przenieś je na metalową kratkę, aby całkowicie ostygły.
i) Opcjonalnie: Wystudzone pączki można również zanurzyć w prostej polewie z cukru pudru i mleka dla dodania słodyczy.
j) Podawaj i ciesz się pysznymi pączkami z jagodami!

## 85.Pieczone pączki Oreo

**SKŁADNIKI:**

- 1 Mąkę o wszechstronnym przeznaczeniu
- ½ szklanki jasnego brązowego cukru
- ⅓ szklanki niesłodzonego kakao w proszku
- ½ łyżeczki soli
- ¾ łyżeczki proszku do pieczenia
- ½ łyżeczki sody oczyszczonej
- 1 duże jajko
- ½ szklanki dowolnego mleka
- ¼ szklanki roztopionego oleju kokosowego lub oleju roślinnego
- 1 ½ łyżeczki ekstraktu waniliowego
- 6 ciasteczek Oreo, pokruszonych na okruchy
- Lukier sernikowy

**INSTRUKCJE:**
a) Rozgrzej piekarnik do 350°F.
b) Lekko spryskaj dwie formy na pączki po 6 sztuk nieprzywierającym sprayem do gotowania. Odłożyć na bok.
c) W dużej misce wymieszaj mąkę, brązowy cukier, kakao, sól, proszek do pieczenia i sodę oczyszczoną. Odłożyć na bok.
d) W średniej misce ubij jajko, mleko, olej kokosowy i ekstrakt waniliowy na gładką masę. Powoli wlewaj mokre składniki do mąki, mieszając, aż się połączą. Ciasto będzie bardzo gęste.
e) Delikatnie dodaj pokruszone ciasteczka Oreo
f) Włóż mieszaninę do dużej torebki strunowej i odetnij końcówkę dolnego rogu.
g) Wylej mieszaninę do przygotowanych foremek na pączki.
h) Piec przez 8-10 minut lub do momentu, aż pączki będą lekko twarde.
i) Wyjmij z piekarnika i całkowicie ostudź przed dodaniem lukru.
j) Aby przygotować lukier, utrzyj serek śmietankowy i masło na gładką masę.
k) Dodać mleko, ekstrakt waniliowy i cukier puder.
l) Ubijaj, aż masa będzie gładka i osiągnie pożądaną konsystencję i słodycz.
m) W razie potrzeby dodać więcej mleka i/lub cukru pudru.
n) Weź każdy pączek i zanurz go do połowy w lukrze, a następnie posyp pokruszonymi ciasteczkami Oreo.

## BUŁECZKI CYNAMONOWE

# 86. Różowe bułeczki cynamonowe z lemoniadą

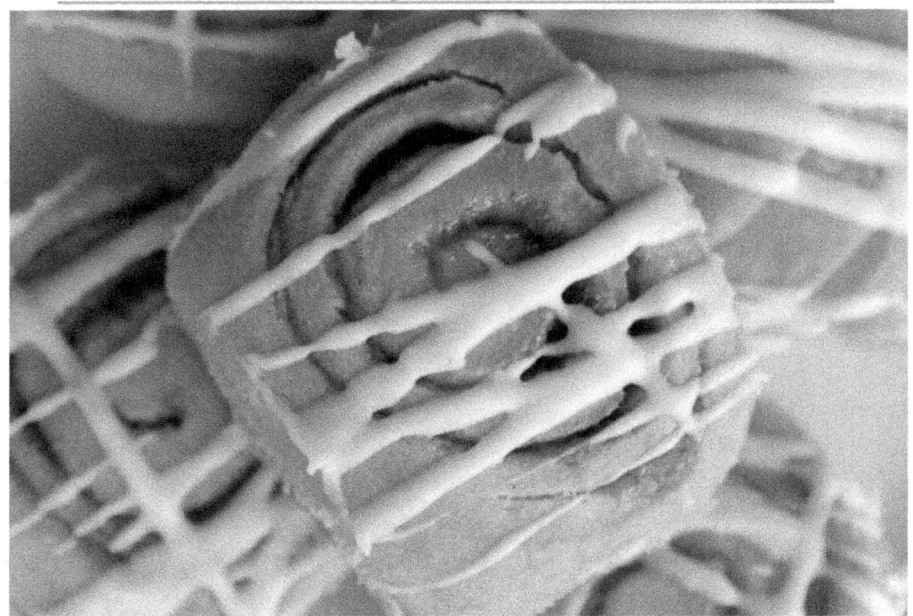

**SKŁADNIKI:**

- 375 ml różowej lemoniady
- 300 ml kremu
- 4 szklanki mąki samorosnącej
- 50 g roztopionego masła
- ¼ szklanki) cukru
- 1 łyżeczka mielonego cynamonu
- ½ szklanki zwykłej mąki do panierowania
- Sok z ½ cytryny
- 2 szklanki cukru pudru

**INSTRUKCJE:**

a) Do dużej miski wsypać samorosnącą mąkę, dodać śmietanę i różową lemoniadę, wymieszać do połączenia.
b) Wyłożyć na posypany mąką stół.
c) Lekko zagniatamy i rozgniatamy lub rozwałkowujemy na duży prostokąt o grubości około 1 cm.
d) Posmaruj roztopionym masłem, posyp cukrem i cynamonem.
e) Zwiń od krawędzi do środka, aby uzyskać dwa wałki. Wytnij środek, aby zrobić dwa kłody.
f) Pokroić w krążki o średnicy 1 cm.
g) Piec w temperaturze 220°C przez 10 minut.
h) Wymieszaj cukier puder z sokiem z cytryny. Skropić zwoje.

# 87. Czekoladowe Roladki Cynamonowe Oreo

**SKŁADNIKI:**

**CIASTO CYNAMONOWE**
- ¼ szklanki ciepłej wody
- 2 łyżki brązowego cukru
- 2¼ łyżeczki drożdży instant
- 2 ¾ szklanki mąki uniwersalnej
- 2 łyżki granulowanego cukru
- ½ łyżeczki soli
- 3 łyżki roztopionego, niesolonego masła
- ½ szklanki wybranego mleka
- 1 duże jajko

**OREO CYNAMONOWA BUŁKA CZEKOLADOWA Z NADZIENIEM**
- ¼ szklanki kakao w proszku
- ⅔ szklanki wybranego mleka
- 1 ½ szklanki kawałków ciemnej czekolady
- 3 łyżki niesolonego masła
- 24 Oreo, zmiażdżone
- 1 szczypta soli morskiej
- Glazura serowa

**INSTRUKCJE:**

**CIASTO**

a) W małej misce wymieszaj ciepłą wodę, brązowy cukier i drożdże.

b) Przykryj czystym ręcznikiem kuchennym i odłóż na bok, aby aktywować. Będziesz wiedzieć, że drożdże są aktywowane, gdy na powierzchni mieszanki pojawią się małe bąbelki.

c) W osobnej dużej misce wymieszaj mąkę, cukier, sól, masło, mleko i jajko.

d) Gdy drożdże się aktywują, dodaj je do dużej miski z pozostałymi składnikami i mieszaj, aż się połączą.

e) Posyp czystą, płaską powierzchnię mąką i posypanymi mąką rękami zagniataj ciasto przez 3 minuty. Twoje ciasto będzie lepkie. W razie potrzeby dodawaj mąkę do rąk i powierzchni.

f) Włóż ciasto z powrotem do miski i przykryj czystym ręcznikiem kuchennym do wyrośnięcia na około dziesięć minut.

**POŻYWNY**

g) W dużej misce, którą można używać w kuchence mikrofalowej, dodaj mleko, kakao w proszku, kawałki ciemnej czekolady i masło. Mikrofale nastawione na maksymalną moc przez 1,5-2 minuty, aż kawałki czekolady się rozpuszczą. Ubijaj, aż będzie gładka. Dodaj szczyptę soli.

h) Zmiażdż swoje ciasteczka Oreo w robocie kuchennym, aż uzyskasz drobny pył.

i) Gdy ciasto podwoi swoją objętość, dodaj więcej mąki na powierzchnię i za pomocą posypanego mąką wałka do ciasta rozwałkuj ciasto na prostokątny kształt, mniej więcej 9 x 12 cali.

j) Na ciasto wylej nadzienie czekoladowe Oreo i za pomocą szpatułki rozprowadź je równomiernie na powierzchni, pozostawiając około ½ cala marginesu ze wszystkich stron. Posyp pokruszonym ciastem Oreo grubą warstwą na wierzchu.

k) Pracując od krótszego boku, użyj dwóch rąk, aby zacząć ciasno zwijać ciasto od siebie, aż pozostanie cylinder o długości około 12 cali.

l) Pokrój cylinder na 6 równych części o szerokości około 2 cali, aby utworzyć 6 pojedynczych bułek cynamonowych.

m) Dodaj bułki cynamonowe do kwadratowego naczynia do pieczenia o średnicy 11,5 cala, pozostawiając około cala pomiędzy każdą bułką.

n) Przykryj czystym ręcznikiem kuchennym i odstaw bułki na około 90 minut lub do momentu, aż podwoją swoją objętość.

o) Rozgrzej piekarnik do 100°C i piecz przez 25–30 minut, aż wierzch bułek stanie się złotobrązowy.

p) Przed dodaniem lukru poczekaj, aż bułeczki cynamonowe Oreo ostygną przez około 10 minut. Cieszyć się!

## 88. Roladki cynamonowe Red Velvet

**SKŁADNIKI:**
**DO BUŁEK CYNAMONOWYCH**
- 4½ łyżeczki suszonych drożdży
- 2-½ szklanki ciepłej wody
- 15,25 uncji Pudełko mieszanki ciast Red Velvet
- 1 łyżeczka ekstraktu waniliowego
- 1 łyżeczka soli
- 5 szklanek mąki uniwersalnej

**DO MIESZANKI CUKRU CYNAMONOWEGO**
- 2 szklanki cukru brązowego
- 4 łyżki mielonego cynamonu
- ⅔ szklanki miękkiego masła

**DO LUKU Z SERKA KREMOWEGO**
- 16 uncji każdego serka śmietankowego, zmiękczonego
- ½ szklanki miękkiego masła
- 2 szklanki cukru pudru
- 1 łyżeczka ekstraktu waniliowego

**INSTRUKCJE:**
a) W dużej misce wymieszaj drożdże z wodą, aż się rozpuszczą.
b) Dodać mieszankę ciasta, wanilię, sól i mąkę. Dobrze wymieszaj – ciasto będzie lekko klejące.
c) Przykryj miskę szczelnie plastikową folią. Pozostaw ciasto do wyrośnięcia na godzinę. Zagnieść ciasto i pozwolić mu ponownie wyrosnąć na kolejne 45 minut.
d) Na lekko posypanej mąką powierzchni rozwałkuj ciasto na duży prostokąt o grubości około ¼ cala. Masę równomiernie rozsmaruj na całym cieście.
e) W średniej misce wymieszaj brązowy cukier i cynamon. Posyp masło mieszaniną brązowego cukru.
f) Zwiń jak galaretkę, zaczynając od dłuższego brzegu. Pokrój na 24 równe kawałki.
g) Nasmaruj tłuszczem dwie formy do pieczenia o wymiarach 9 x 13 cali. Na patelniach ułóż plasterki bułki cynamonowej. Przykryć i odstawić w ciepłe miejsce do podwojenia objętości.
h) Rozgrzej piekarnik do 350°F.
i) Piec przez 15-20 minut lub do momentu ugotowania.
j) Podczas gdy bułeczki cynamonowe się pieczą, przygotuj lukier z serka śmietankowego, ucierając serek śmietankowy z masłem w średniej misce, aż uzyskasz kremową konsystencję. Wymieszaj wanilię. Stopniowo dodawaj cukier puder.

## 89. Ziemniaczane bułeczki cynamonowe

**SKŁADNIKI:**
- 1 funt ziemniaków, ugotowanych i zmiksowanych
- 2 szklanki mleka
- 1 szklanka masła
- 1 szklanka plus 2 łyżeczki cukru
- ¾ łyżeczki nasion kardamonu
- 1 łyżeczka soli
- 2 opakowania suchych drożdży
- ½ szklanki ciepłej wody
- 8½ szklanki mąki, nieprzesianej
- 2 jajka
- 2 łyżeczki wanilii

**NADZIENIE CYNAMONOWE**
- ¾ szklanki cukru
- ¾ szklanki brązowego cukru
- 2 łyżeczki cynamonu

**GLAZA ORZECHOWA**
- 3 szklanki cukru pudru
- ½ szklanki posiekanych orzechów
- ¼ łyżeczki cynamonu
- 2 łyżeczki masła
- 4 do 5 łyżek wody

**INSTRUKCJE:**

a) Ziemniaki i mleko miksujemy na gładką masę. Dodaj ½ szklanki masła, 1 szklankę cukru i sól. Podgrzać do letniego.

b) W dużej misce połącz drożdże, wodę i pozostałe 2 łyżeczki cukru. Odstawić do momentu spienienia.

c) Dodaj mieszankę ziemniaków, 4 szklanki mąki, jajka i wanilię.

d) Ubijaj, aż będzie gładkie. Stopniowo dodawaj dodatkowe 3½ do 4 szklanek mąki. Ciasto wyłożyć na obficie posypaną mąką stolnicę i ugniatać przez 15 minut, aż będzie gładkie i elastyczne.

e) W razie potrzeby dodać więcej mąki. Odstawić do wyrośnięcia na 1 ½ godziny.

f) Uderz w dół, ugnij, aby usunąć bąbelki. Dzielić. Rozpuść pozostałe masło. Każdą porcję ciasta rozwałkuj na prostokąt o wymiarach 5x18. Posmaruj 3 łyżkami masła i posyp połową nadzienia cynamonowego.

g) Zakasać. Pokroić na 12 kawałków o szerokości 1 ½ cala. Umieścić na patelni o wymiarach 9 x 13 cali, posmarować masłem i pozostawić do wyrośnięcia na 35–40 minut. Piec w temperaturze 350 stopni przez 30 minut.

## 90. Bułeczki cynamonowe z bitą śmietaną i orzechami pekan

**SKŁADNIKI:**
- 1 szklanka śmietanki do ubijania
- 1 ½ szklanki mąki uniwersalnej
- 4 łyżeczki proszku do pieczenia
- ¾ łyżeczki soli
- 2 łyżki roztopionego masła lub margaryny
- Cynamon i cukier
- ½ szklanki jasnobrązowego cukru
- ½ szklanki posiekanych orzechów pekan
- 2 łyżki śmietanki do ubijania lub mleka skondensowanego

**INSTRUKCJE:**
a) W średniej misce ubijaj śmietanę, aż utworzą się miękkie szczyty. Delikatnie wymieszaj mąkę, proszek do pieczenia i sól, aż powstanie ciasto. Na lekko posypanej mąką stolnicy ugniataj 10 do 12 razy. Rozwałkować na prostokąt o grubości 1/4 cala.

b) Rozsmaruj roztopione masło na całej powierzchni. Posyp cynamonem i cukrem w ilości, którą lubisz. Zwiń jak bułkę z galaretką: zaczynając od dłuższego końca. Pokroić na ¾-calowe segmenty. Umieścić na natłuszczonej blasze do pieczenia i piec w temperaturze 425 F przez 10-15 minut lub do momentu, aż bardzo lekko się zarumieni.

c) W małej misce wymieszaj brązowy cukier, orzechy pekan i 2 łyżki śmietanki do ubijania, aż dobrze się wymieszają. Wyjmij bułki z piekarnika. Na każdą bułkę rozsmaruj polewę. Wróć do piekarnika i piecz, aż polewa zacznie bulgotać, przez około 5 minut.

## 91. Roladki cynamonowe z sosem jabłkowym

**SKŁADNIKI:**
- 1 jajko
- 4 szklanki mąki uniwersalnej
- 1 opakowanie aktywnych drożdży suchych
- ¾ szklanki musu jabłkowego
- ½ szklanki odtłuszczonego mleka
- 2 łyżki granulowanego cukru
- 2 łyżki masła
- ½ łyżeczki soli

**POŻYWNY:**
- ¼ szklanki musu jabłkowego
- ⅓ szklanki granulowanego cukru
- 2 łyżeczki mielonego cynamonu
- 1 szklanka cukru pudru
- ½ łyżeczki ekstraktu waniliowego
- 1 łyżka odtłuszczonego mleka

**INSTRUKCJE:**

a) Rozgrzej piekarnik do 375 stopni F. Spryskaj dwie okrągłe patelnie o średnicy 8 lub 9 cali sprayem do gotowania.

b) W dużej misce wymieszaj 1½ c. mąka uniwersalna i drożdże. W małym rondlu wymieszaj ¾ st. Naturalny sos jabłkowy Mott's, odtłuszczone mleko, 2 łyżki cukru, masło i sól. Podgrzej na średnim ogniu i mieszaj, aż będzie ciepły w temperaturze 120 stopni F.

c) Wyrośnięte ciasto wyłóż na lekko posypaną mąką powierzchnię. Zagnieść pozostałą mąkę (około ¼ c.), aby uzyskać średnio miękkie ciasto, które jest gładkie i elastyczne.

d) Uformuj ciasto w kulę. Umieść ciasto w misce lekko spryskanej sprayem kuchennym

e) Zagnieść ciasto i wyłożyć je na lekko posypaną mąką powierzchnię. Przykryj i odstaw na 10 minut. Na lekko posypanej mąką powierzchni rozwałkuj ciasto na kwadrat o boku 12 cali. Rozłóż ¼ s. Naturalny sos jabłkowy Mott's. Połączyć ⅓ ok. cukier i cynamon; posypać ciasto.

f) Na każdej patelni ułóż 6 bułek, przecięciem do dołu. Przykryj i odstaw do wyrośnięcia w ciepłym miejscu, aż objętość prawie się podwoi, około 30 minut.

g) Piec przez 20 do 25 minut lub do złotego koloru. Schłodzić przez 5 minut. Odwróć na talerz do serwowania. Skropić mieszanką cukru pudru, wanilii i odtłuszczonego mleka. Podawać na ciepło.

## 92. Pomarańczowe bułeczki cynamonowe

**SKŁADNIKI:**

- 1 funt mrożonego ciasta chlebowego; rozmrożone
- 3 łyżki mąki
- 2 łyżki cukru
- 1 łyżeczka cynamonu
- ½ szklanki cukru pudru
- ½ łyżeczki startej skórki pomarańczowej
- 3 łyżeczki soku pomarańczowego
- Spray z olejem roślinnym

**INSTRUKCJE:**

a) Rozgrzej piekarnik do 375°. Rozwałkuj rozmrożone ciasto chlebowe na lekko posypanej mąką powierzchni w prostokąt o wymiarach 12x8 cali.

b) Obficie spryskaj ciasto sprayem z oleju roślinnego. Cukier wymieszać z cynamonem i równomiernie posypać ciasto. Rozwałkuj ciasto, zaczynając od dłuższego końca.

c) Uszczelnij szew i pokrój ciasto na 12 kawałków, każdy o grubości 1 cm.

d) Lekko spryskaj okrągłą formę do pieczenia o średnicy 9 cali sprayem do gotowania. Umieść kawałki ciasta na patelni, trzymając łączeniem w dół w kierunku dna patelni.

e) Spryskaj górę odrobiną sprayu kuchennego; przykryj i odstaw do wyrośnięcia w ciepłym miejscu, aż podwoi swoją objętość, około 30 minut.

f) Piecz bułki przez 20-25 minut, aż lekko się zarumienią. Lekko ostudzić i zdjąć z patelni.

g) Gdy bułeczki ostygną, przygotuj lukier, mieszając cukier puder, skórkę pomarańczową i sok.

h) Posmaruj bułkę i podawaj na ciepło.

# EMPANADAS

## 93.Empanady z kurczaka z grilla

**SKŁADNIKI:**
- 2 szklanki mieszanki Bisquick
- ½ szklanki wody
- 1 szklanka gotowanego kurczaka, posiekanego
- ½ szklanki sosu barbecue
- ¼ szklanki pokrojonej w kostkę cebuli
- ¼ szklanki pokrojonej w kostkę papryki
- ¼ szklanki startego sera mozzarella
- Sól i pieprz do smaku

**INSTRUKCJE:**

a) Rozgrzej piekarnik do 200°C i wyłóż blachę do pieczenia papierem pergaminowym.
b) W misce wymieszaj mieszankę Bisquick z wodą i przygotuj ciasto na empanadę.
c) Rozwałkuj ciasto na posypanym mąką blacie i wycinaj kółka za pomocą okrągłej foremki do ciastek lub szklanki.
d) W osobnej misce wymieszaj rozdrobnionego kurczaka, sos barbecue, pokrojoną w kostkę cebulę, pokrojoną w kostkę paprykę, posiekany ser mozzarella, sól i pieprz.
e) Na każdym krążku ciasta nałóż łyżkę mieszanki z kurczakiem.
f) Złóż ciasto na nadzienie, aby uzyskać kształt półksiężyca, a następnie dociśnij krawędzie do siebie, aby je zamknąć.
g) Ułóż empanady na przygotowanej blasze do pieczenia.
h) Piec przez 12-15 minut lub do momentu, aż empanady staną się złotobrązowe.
i) Przed podaniem poczekaj, aż empanady z kurczakiem BBQ nieco ostygną.

## 94. Empanady z Turcji

**SKŁADNIKI:**
- 1 szklanka gotowanego indyka, pokrojonego w kostkę
- 1⅓ szklanki startego sera Cheddar
- 4 uncje Zielone chili z puszki, odsączone
- 1 szklanka mąki pełnoziarnistej
- ¼ szklanki mąki kukurydzianej
- 2 łyżeczki soli
- ⅓ szklanki masła
- ¼ szklanki zimnej wody
- 1 łyżeczka mleka
- 4 łyżeczki mąki kukurydzianej (do posypania)

**INSTRUKCJE:**
a) Rozgrzej piekarnik do 400 F.
b) Wymieszaj indyka, ser i chilli; odłożyć na bok.
c) W osobnej misce wymieszaj mąkę, mąkę kukurydzianą i sól. Posiekaj masło, aż cząstki będą wielkości małego groszku.
d) Skropić wodą i wymieszać blenderem lub widelcem, aż z ciasta będzie można uformować kulę. Jeśli to konieczne, dodaj trochę więcej wody. Ciasto podzielić na dwie równe części.
e) Jedną porcję wyłóż na stolnicę posypaną mąką i rozwałkuj na kwadrat o boku 11 cali. Połóż na lekko naoliwionej blasze do pieczenia. Rozłóż połowę mieszanki z indyka na połowie kwadratu ciasta, tak aby odległość od krawędzi wynosiła 1–½ cala. Złóż drugą Połóż na nim połowę ciasta i zaciśnij krawędzie, aby je uszczelnić.
f) Powtórz tę procedurę z drugą porcją ciasta i pozostałą mieszanką z indyka. Smaruj obroty mlekiem.
g) Posyp pozostałą mąką kukurydzianą na wierzchu. Piec w temperaturze 400 F przez 25 minut lub do złotego koloru.
h) Pozostawić do lekkiego ostygnięcia; pokroić w ćwiartki do podania.

## 95.Empanady z kiełbasą wieprzową

**SKŁADNIKI:**
**DO SKORUPY:**
- 2 filiżanki mąki uniwersalnej
- ¼ łyżeczki soli
- ⅔ szklanki masła
- 4 do 6 łyżek zimnej wody

**DO WYPEŁNIENIA:**
- ½ funta mielonej kiełbasy wieprzowej
- 1 szklanka gęstego sosu picante
- ¼ szklanki posiekanych dojrzałych oliwek
- ¼ szklanki rodzynek (opcjonalnie)
- 1 jajko ugotowane na twardo, obrane i posiekane
- ½ łyżeczki czosnku w proszku
- 1 jajko, lekko ubite
- Dodatkowy sos picante do podania

## INSTRUKCJE:
### DO SKORUPY:
a) W dużej misce wymieszaj mąkę i sól.
b) Posiekaj masło, aż mieszanina stanie się krucha. Za pomocą widelca wymieszaj zimną wodę w ilości wystarczającej do uformowania kulki ciasta.
c) Ciasto podzielić na pół i każdą połówkę owinąć folią spożywczą. Odłóż je na bok.

### DO WYPEŁNIENIA:
d) Na 10-calowej patelni usmaż mieloną kiełbasę na średnim ogniu, mieszając od czasu do czasu, aż stanie się krucha i rumiana (około 6 do 8 minut). Odsączyć nadmiar tłuszczu.
e) Do ugotowanej kiełbasy dodaj 1 szklankę sosu picante. Kontynuuj gotowanie, mieszając od czasu do czasu, aż sos lekko zgęstnieje (około 5 do 6 minut).
f) Dodaj posiekane oliwki, rodzynki (jeśli używasz), jajko ugotowane na twardo i proszek czosnkowy. Kontynuuj gotowanie i mieszanie od czasu do czasu, aż mieszanina będzie dobrze wymieszana (około 1 do 2 minut). Odłóż nadzienie na bok.

### MONTAŻ:
g) Na lekko posypanej mąką powierzchni uformuj każdą połowę ciasta w 15-calowy wałek. Rozwałkuj każdy dziennik na prostokąt o wymiarach 20 x 5 cali.
h) Wytnij każdy prostokąt na 8 prostokątów (5 x 2,5 cala).
i) Po jednej stronie każdego prostokąta położ około 1 łyżkę mieszanki nadzienia.
j) Brzegi ciasta posmaruj wodą.
k) Złóż drugą stronę ciasta na masę nadzienia i zsuń krawędzie razem. Za pomocą widelca dociśnij i sklej krawędzie.
l) Wierzch empanad posmaruj roztrzepanym jajkiem.
m) Wytnij „X" na górze każdej empanady.
n) Ułóż empanady na nienatłuszczonych blachach z ciasteczkami.
o) Piec przez 14 do 20 minut lub do momentu, aż lekko się zarumienią.
p) Podawaj empanady z dodatkowym sosem picante do maczania.
q) Ciesz się pysznymi empanadami z kiełbaskami!

## 96. Empanada z Tuńczyka

**SKŁADNIKI:**
**NA CIASTO:**
- 300 gramów mąki
- 1 łyżeczka soli (5 g)
- 1 opakowanie suszonych drożdży (10 g)
- 25 gramów roztopionego smalcu lub ghee
- 2 Jajka, lekko ubite
- 80 mililitrów Mleko, podgrzane

**DO WYPEŁNIENIA:**
- 2 łyżki oliwy z oliwek
- 300 mililitrów przecieru pomidorowego lub 300 g pomidorów pokrojonych w ćwiartki
- 2 Czerwone papryki pozbawione gniazd nasiennych i pokrojone w paski
- 1 ząbek czosnku, zmiażdżony
- 1 puszka tuńczyka w oleju, odsączonego i płatkowanego (400 g)
- Sól i świeżo zmielony czarny pieprz do smaku

## INSTRUKCJE:
### PRZYGOTOWANIE CIASTA:
a) Do miski przesiać mąkę i sól, następnie dodać suszone drożdże.
b) Zrób wgłębienie na środku suchych składników i dodaj roztopiony smalec lub ghee oraz ubite jajka. Dokładnie wymieszać.
c) Stopniowo dodawaj podgrzane mleko, aż masa zwiąże się w miękkie ciasto.
d) Zagniataj ciasto na lekko posypanej mąką powierzchni przez dwie do trzech minut, aż będzie gładkie.
e) Ciasto włóż ponownie do miski, przykryj i odstaw do wyrośnięcia na godzinę.

### PRZYGOTOWANIE NADZIENIA:
f) Na patelni rozgrzej oliwę z oliwek i smaż pokrojone w ćwiartki pomidory, paski czerwonej papryki i przeciśnięty przez praskę czosnek przez około 10 minut.
g) Dodać odsączonego i rozdrobnionego tuńczyka, doprawić solą i świeżo zmielonym czarnym pieprzem. Odstaw nadzienie z tuńczyka do ostygnięcia.

### MONTAŻ I PIECZENIE:
h) Wyrośnięte ciasto zagniataj na lekko posypanej mąką powierzchni przez kolejne trzy minuty, następnie włóż je z powrotem do miski wysmarowanej olejem i pozostaw do wyrośnięcia na kolejne 30 minut.
i) Rozgrzej piekarnik do 180°C (350°F) lub Gas Mark 4.
j) Rozwałkuj połowę ciasta na lekko posypanej mąką powierzchni i wyłóż nim prostokątną formę do pieczenia.
k) Wlać równomiernie łyżką przygotowane nadzienie z tuńczyka.
l) Brzegi ciasta posmaruj wodą.
m) Pozostałą część ciasta rozwałkować i położyć na wierzchu farszu. Zabezpiecz krawędzie i odetnij nadmiar ciasta.
n) Na wierzchu ciasta zrób małe otwory wentylacyjne i posyp mąką.
o) Piec w nagrzanym piekarniku przez 30 do 45 minut lub do momentu, aż empanada będzie jasnozłota.
p) Wyjmij z piekarnika, poczekaj, aż lekko przestygnie, a następnie pokrój i podawaj.

## 97.Galicyjska Empanada z dorsza

**SKŁADNIKI:**
**CIASTO**
- 250 g mąki zwykłej (lub 175 g mąki zwykłej i 75 g mąki kukurydzianej)
- 75 ml ciepłej wody
- 50 ml oliwy z oliwek
- 25 ml białego wina
- 20 g świeżych drożdży
- ½ łyżeczki soli
- 1 jajko (do posmarowania jajka)

**POŻYWNY**
- 225 g Dorsza, odsolonego
- 1 duża cebula, posiekana
- 1 duża czerwona papryka, posiekana
- 2 ząbki czosnku, posiekane
- 2 łyżki sosu pomidorowego
- 1 szklanka rodzynek
- 1 łyżeczka papryki w proszku
- 2 łyżki oliwy z oliwek
- 1 łyżeczka soli

## INSTRUKCJE:
### CIASTO
a) W dużej misce umieść mąkę.
b) Drożdże rozpuścić w ciepłej wodzie. Dodaj go do miski. Do miski dodaj oliwę z oliwek, białe wino i sól.
c) Drożdże rozpuścić w ciepłej wodzie i dodać wszystkie składniki do miski. Mieszaj na małych obrotach przez 5 minut, aż ciasto będzie gładkie.
d) Zacznij mieszać łyżką, a następnie rękami. Połóż ciasto na czystym blacie kuchennym i ugniataj, aż ciasto będzie gładkie. Zajmuje to 8-10 minut. Uformuj go w kulę.
e) Posyp miskę mąką i włóż kulkę do środka. Przykryj ściereczką i odstaw na 30 minut.

### POŻYWNY
f) Rozgrzej 2 łyżki oliwy z oliwek na dużej patelni na małym i średnim ogniu. Wymieszaj posiekaną cebulę, paprykę i czosnek. Dodaj sól i gotuj na średnim ogniu, aż będzie miękki i złoty. Około 15 minut.
g) Dorsza pokroić na małe kawałki. Dodaj dorsza na patelnię. Dodać sos pomidorowy, rodzynki i paprykę w proszku. Mieszaj i gotuj przez 5 do 8 minut. Nadzienie musi być trochę soczyste. Odłożyć na bok.
h) Uformuj ciasto i piecz (zobacz film poniżej)
i) Ciasto podzielić na dwie równe części, jedna będzie podstawą, druga przykrywką.
j) Rozgrzej piekarnik do 200°C. Grzejnik górny i dolny. Połóż papier do pieczenia na blasze do pieczenia.
k) Rozciągnij jeden z kawałków wałkiem do ciasta, aż otrzymasz cienki arkusz o grubości około 2-3 mm.
l) Połóż ciasto na blasze do pieczenia.
m) Na cieście rozsmaruj nadzienie, ale zostaw trochę miejsca wokół krawędzi, aby zamknąć empanadę.
n) Rozciągnij drugi kawałek ciasta. Musi mieć ten sam rozmiar co pierwszy arkusz. Połóż go na nadzieniu. Uszczelnij krawędzie.
o) Posmaruj powierzchnię roztrzepanym jajkiem i piecz przez 30 minut, aż ciasto będzie złociste. 200°C.
p) Wyjmij z piekarnika i poczekaj, aż ostygnie przed jedzeniem.

## 98. Empanady z krewetkami

**SKŁADNIKI:**
**NA CIASTO:**
- 3 szklanki mąki uniwersalnej
- 1 łyżeczka grubej soli
- ½ łyżeczki mielonej kurkumy
- ¼ łyżeczki pieprzu białego
- 10 łyżek niesolonego masła, schłodzonego i posiekanego
- 6 łyżek smalcu, schłodzonego
- 1 jajko
- 1 Żółtko jaja
- ½ szklanki piwa Lite lub wody

**DO WYPEŁNIENIA:**
- 2 łyżki niesolonego masła
- 1 Duża cebula, obrana i posiekana
- 3 ząbki czosnku
- 3 Pomidory, posiekane
- ½ łyżeczki mielonego kardamonu
- ⅛ łyżeczki Zmielone goździki
- ¼ łyżeczki pieprzu białego
- 1 łyżeczka grubej soli
- 1 ½ szklanki Serca palmowe, odsączone i posiekane
- 3 łyżki natki pietruszki
- 1 funt krewetek, obranych i oczyszczonych

**DO USZCZELNIACZY I SZKLIWI:**
- 1 Białko jaja
- 2 łyżki zimnej wody, mleka lub śmietanki

**INSTRUKCJE:**
**PRZYGOTOWANIE CIASTA:**
a) Do miski przesiej mąkę uniwersalną.
b) Dodaj schłodzone i posiekane niesolone masło i mieszaj, aż mieszanina będzie przypominać gruboziarnisty posiłek.
c) Dodaj jajko, żółtko i ¼ szklanki zimnej wody. Kontynuuj mieszanie i dodawanie wody, aż powstanie zwarte ciasto.
d) Zagniataj ciasto, aż będzie gładkie, następnie zawiń je i schładzaj przez 15-30 minut.

**PRZYGOTOWANIE NADZIENIA:**

e) Na małej patelni rozgrzej niesolone masło.
f) Dodaj posiekaną cebulę i czosnek i smaż na średnim ogniu, aż cebula stanie się przezroczysta, co zajmuje około 5 minut.
g) Dodać pokrojone pomidory, zmielony kardamon, zmielone goździki, biały pieprz i sól. Gotuj około 8 minut.
h) Dodaj posiekane serca palmowe i gotuj jeszcze przez 5 minut lub do momentu, aż płyn odparuje.
i) Odłóż nadzienie na bok i pozostaw do ostygnięcia lub wstaw do lodówki na noc, dobrze przykryte.

**WYKONANIE USZCZELNIENIA I SZLIWII:**

j) Wymieszaj żółtko jaja i zimną wodę, aby utworzyć uszczelniacz i glazurę. Odłóż ją na bok.

**MONTAŻ I PIECZENIE:**

k) Rozgrzej piekarnik do 400 stopni Fahrenheita (200 stopni Celsjusza).
l) Na posypanej mąką desce rozwałkuj ciasto na grubość ⅛ cala i pokrój je na 4-calowe kwadraty.
m) Zagnieść skrawki ciasta i ponownie je zwinąć, powtarzając proces w celu uformowania kwadratów, aż do wykorzystania całego ciasta.
n) Na środek każdego kwadratu nałóż łyżkę nadzienia, a na wierzch połóż krewetki.
o) Zwilż brzegi ciasta masą uszczelniającą i uformuj trójkąt, zakładając ciasto na nadzienie.
p) Brzegi dociśnij widelcem, aby je zamknąć.
q) Empanady układamy na blasze wyłożonej papierem do pieczenia.
r) Pozostałą glazurą posmaruj empanady.
s) Piec w nagrzanym piekarniku przez 25 minut lub do momentu, aż staną się złotobrązowe.
t) Przenieś empanady na kratkę, aby lekko ostygły, a następnie podawaj je na ciepło.
u) Rozkoszuj się pysznymi Empanadas de Camarão wypełnionymi aromatycznymi krewetkami i sercami palmowymi!

## 99. Empanady z winogron i wołowiny

**SKŁADNIKI:**

- 1 funt chudej mielonej wołowiny
- ½ szklanki pokrojonej w kostkę cebuli
- 2 łyżki chili w proszku
- 2 łyżeczki mielonego kminku
- 1 łyżeczka sproszkowanego czosnku
- ½ łyżeczki mielonego cynamonu
- Po ½ łyżeczki soli i pieprzu
- 1 szklanka pokrojonych winogron Ontario Jupiter™
- 3 arkusze gotowego ciasta francuskiego
- 1 jajko
- 2 łyżki wody
- 1 szklanka winogron
- ½ szklanki drobno pokrojonej cebuli
- ¼ łyżeczki mielonego imbiru
- ½ łyżeczki czosnku w proszku
- ¼ łyżeczki soli

## INSTRUKCJE:

a) Rozgrzej piekarnik do 220°C i wyłóż dwie blachy do pieczenia papierem pergaminowym; odłóż je na bok. Na dużej patelni na średnim ogniu smaż mieloną wołowinę, cebulę, chili w proszku, kminek, czosnek w proszku, cynamon, sól i pieprz przez około 8 minut lub do momentu, aż wołowina będzie dokładnie ugotowana.

b) Odsączyć nadmiar tłuszczu. Wmieszaj winogrona i odłóż mieszaninę na bok.

## DLA EMPANAD:

c) Za pomocą miski lub foremki do ciastek wytnij dwanaście 5-calowych kółek z wcześniej rozwałkowanego ciasta francuskiego. Ułóż kółka na wyłożonej pergaminem blaszce do pieczenia. Na środek każdego koła nałóż 3 łyżki (45 ml) nadzienia.

d) W małej misce wymieszaj jajko i wodę. Brzegi każdego koła posmaruj jajkiem i złóż ciasto na pół, zamykając nadzienie w środku. Brzegi dociśnij widelcem.

e) Ułóż empanady na wyłożonych papierem blachach do pieczenia. Posmaruj jajkiem każdą empanadę.

f) Piec przez 20 minut lub do momentu, aż wierzch stanie się złoty.

## NA CHUTNEY:

g) W średniej wielkości rondlu, na średnim ogniu, wymieszaj winogrona, cebulę, imbir, czosnek w proszku i sól. Dociśnij winogrona do brzegów patelni, aby puściły sok i zagotuj mieszaninę.

h) Gotuj przez 8 minut, często mieszając, aż pozostanie bardzo mało płynu. Pozwól mu całkowicie ostygnąć.

i) Podawaj chutney wraz ze świeżo upieczonymi empanadami. Cieszyć się!

# 100. Empanady z orzechów laskowych i bananów

**SKŁADNIKI:**
- 1 duży dojrzały banan, obrany i pokrojony w kostkę
- 1 szklanka Nutelli
- 2 schłodzone 9-calowe muszelki na ciasto
- 2 łyżki wody
- 2 łyżki granulowanego cukru
- lody cynamonowe

**INSTRUKCJE:**

a) Do miski dodaj Nutellę i banana i mieszaj, aż składniki się dobrze połączą.
b) Ciasto wyłóż na blat posypany mąką i pokrój na 2 części o jednakowej wielkości.
c) Teraz zwiń każdy kawałek w prostokąt o wymiarach 14 x 8 cali i grubości ¼ cala.
d) Za pomocą 3-calowej foremki do ciastek wytnij 8 kółek z każdego prostokąta ciasta.
e) Na każde kółko ciasta nałóż około 1 czubatą łyżeczkę mieszanki Nutelli.
f) Mokrymi palcami zwilż krawędzie każdego koła.
g) Złóż ciasto na nadzienie i dociśnij krawędzie, aby je zamknąć.
h) Na dnie wyłożonej folią blachy do pieczenia ułóż empanady.
i) Każdą empanadę zalać wodą i posypać cukrem.
j) Włożyć do zamrażarki na około 20 minut.
k) Ustaw piekarnik na 400 stopni F.
l) Gotuj w piekarniku około 20 minut.
m) Ciesz się ciepłem z lodami cynamonowymi.

# WNIOSEK

Delektując się ostatnimi kęsami „Najlepsze przekąski w kawiarni", mamy nadzieję, że ta kulinarna podróż dodała szczyptę rozkoszy do Twoich kawowych rytuałów. Od pierwszego łyku do ostatniego okruszka, te 100 wyśmienitych kęsów stanowi świadectwo sztuki łączenia smaków i tworzenia harmonijnego tańca pomiędzy kawą i jedzeniem.

Niezależnie od tego, czy jedłeś te przekąski w towarzystwie przyjaciół, podczas spokojnej chwili samotności, czy też jako główny punkt spotkania podczas brunchu, ufamy, że każdy przepis wniósł nową warstwę przyjemności do Twojej kawiarni. Starannie dobrana kolekcja, od słodkich po pikantne, została zaprojektowana tak, aby zaspokoić każde podniebienie i każdą okazję, dzięki czemu przerwy kawowe będą niezapomnianym momentem.

W miarę odkrywania świata kawy i przekąsek, niech te przepisy zainspirują Cię do tworzenia własnych, zachwycających połączeń, dodając kawowym chwilom kreatywności i kulinarnej radości. Za niezliczoną ilość filiżanek kawy, wspólny śmiech i przyjemność czerpania z wrażeń związanych z „Najlepsze przekąski w kawiarni". Pozdrawiamy i zachęcamy do wzbogacenia swojej kawowej podróży smakowitymi przekąskami!

www.ingramcontent.com/pod-product-compliance
Lightning Source LLC
LaVergne TN
LVHW021657060526
838200LV00050B/2397